U0065347

書名：蠢子數纏度（中）
系列：心一堂術數古籍珍本叢刊　星命類　神數系列
作者：舊題〔宋〕邵雍

主編、責任編輯：陳劍聰
心一堂術數珍本古籍叢刊編校小組：陳劍聰　素聞　梁松盛　鄒偉才　虛白盧主

出版：心一堂有限公司
地址／門市：香港九龍尖沙咀東麼地道六十三號好時中心LG 六十一室
電話號碼：+852-6715-0840　+852-3466-1112
網址：publish.sunyata.cc
電郵：sunyatabook@gmail.com
網上書店：http://book.sunyata.cc
網上論壇：http://bbs.sunyata.cc/

版次：二零一四年五月初版
平裝：三冊不分售

定價：
港幣　九百八十元正
人民幣　九百八十元正
新台幣　三千九百二十元正

國際書號：ISBN 978-988-8266-74-6

香港及海外發行：香港聯合書刊物流有限公司
地址：香港新界大埔汀麗路三十六號中華商務印刷大廈三樓
電話號碼：+852-2150-2100
傳真號碼：+852-2407-3062
電郵：info@suplogistics.com.hk

台灣發行：秀威資訊科技股份有限公司
地址：台灣台北市內湖區瑞光路七十六巷六十五號一樓
電話號碼：+886-2-2796-3638
傳真號碼：+886-2-2796-1377
網路書店：www.govbooks.com.tw
www.bodbooks.com.tw
經銷：易可數位行銷股份有限公司
地址：台灣新北市新店區寶橋路二三五巷六弄三號五樓
電話號碼：+886-2-8911-0825
傳真號碼：+886-2-8911-0801
email：book-info@ecorebooks.com
易可部落格：http://ecorebooks.pixnet.net/blog

中國大陸發行・零售：心一堂書店
深圳地址：中國深圳羅湖立新路六號東門博雅負一層零零八號
電話號碼：+86-755-8222-4934
北京地址：中國北京東城區雍和宮大街四十號
心一店淘寶網：http://sunyatacc.taobao.com

箕水豹卷九部

炁

三度 暎日紅蠢在碧天 前世註定配姻緣

過子 妻宮虎相生二子 家門峥嶸喜無边

五度 女命生来八字清 天月二德在其中

過辰 生逢時刻夫人命 恩榮百世受皇春

一度 過子一度女命安 孤身獨自立家緣

過子 父親位上先逝去 毋親有壽受孤单

十四 十四過身定高強 皇宿分宮非尋常

過申 双親福壽人間少 父是屬猴毋犬鄉

十一 朔風凜凜透窓前 隆冬歎九正天寒

過辰 生辰乃閏十一月 二十三日降人间

十度 堂上福氣喜非常 運臨壬申並美双

過申 仕祿豐盈未遷轉 官職重加姓名揚

十二 東風解凍是新春 衆閙元霄歡樂人

過子 肖正月生初五日 丹桂庭前顯濃陰

九度 棠棣花開色正鮮 兄弟十人一排連

過申 生母不同你居長 福祿榮昌一脈傳

二度 子時一刻定高强 父火母水兩安康

過子 妻配水火子金木 金階玉殿伴君王

七度 四十五六凡事吉 出入求財有利息

過辰 福壽寧康財源旺 一世榮昌從此積

亨

五度 楊春綠柳正芳榮 姻緣天配自然成
過丑 妻宮屬猴生二子 丹桂人間色正濃
六度 女命巳時福祿全 身穿霞佩帶珠冠
過巳 封贈夫人賢內助 滔滔福氣有根源
二度 畫梁燕子作对行 姐妹二人一般同
過丑 父命一定先去世 母命有壽似青松
十五 亨星入酉喜排常 二亲宮中仔細詳
過酉 父命屬雞有高壽 母命屬狗百歲昌
十二 寒風空惹香更加 朔風陣陣吹雪花
過巳 生辰乃閏十一月 君身生在二十八

十一　癸酉臨門福重來　名声播彰鳳凰台

過酉　腰懸玉帶朝廷賜　恩老臨门趣心怀不

十一　吴胎國滿造化多　佳節重逢歲首新

過丑　堂上双亲弄璋喜　閏正初十產生身

十度　兄弟宮中過字强　手足十一不同娘

過酉　雁行排未你居長　長知不齐各多張

三度　丑时一刻定命宮　父金母水永安寧寧

過丑　妻配水火子木土　脱却芒被貢士身

八度　四十七八流年通　百船和順称心情

過巳　此年也合喜星照　出入有利逢貴星

羅

五度、 桃天灼灼映日紅 月老配就姻緣成

过寅 妻宮屬馬生三子 晚景堂前三子榮

七度 天月二德入命宮 必主福祿受恩封

过午 性喜三從並四德 珠冠玉佩喜重々

三度 五星纏度定陰陽 姐妹三人不成双

过寅 父命一定先去世 母命有寿享高壽

十六 羅猴过戌近天宮 推算人間父母庚

过戌 椿萱並茂同屬狗 寿比南山不老松

十三 福花開放雪花飛 閏臘初三是生日 臘

过午 朔風吹面烏雲亂 天寒透体報君知

十二　運行甲戌財祿發　身安意穩官位加

过戌　授賜九重恩光重　鉄樹争先敕金花

十度　斗柄回寅月精高　豪賞佳節閙元宵

过寅　閏正月生十五日　天官賜福產英豪

十一　手行[祼上]足中次序卜　長幼先天定的真

过戌　兄弟二人你居次　不是同胞一母亲

四度　寅時初刻定命宮　父水母火喜相生

过寅　妻宮金水無[刑]相害　子息水土有三名

九度　四九五十喜無边　事々亨通心自安

过午　百朵鮮花開雨後　一輪明月出雲端

計

十四　一枕北央喜成双　妻宮屬猴正相當

过卯　喜生三子堂前立　滿门争羨姓字香

八度　命中坐定有指星　合主天祿身受封

过未　生居貴星夫人位　金玉滿堂未時生

四度　空中燕子有兩双　慈母含淚守孤房

过寅卯　姐妹四人居一體　二弟位上父先亡

十七　計星亥过下上近天门　推算命宮百歲春

过亥　父命屬猪居本位　母命註定屬人狗下上

十四　朔風陣陣透羅帷　季冬三陽將殘催

过未　閏臘月生初八日　浩然踏雪尋梅歸归

十三　大運交到乙亥鄉　必請火爍也生光

過亥　胸藏治國安邦意　爵位陞遷姓名揚

九度　寅正月生是佳期　君身生在月二十

過卯　思(愳)先若遇乾坤位　東風吹動子規啼

十二　江口群雁次序分　三人先天註的真

過亥　次序排來你居二　不是同胞一母親

五度　卯時初刻定命清　父金母水兩相生

過卯　妻宜土命齊眉案　子三水土是鼠庚

十度　計都過未纏度(數)清　五星四柱仔細詳

過未　五十二三添財禧　任君東西南北行

金

五度　五星纏金命宮通　又是屬鼠母是龍

過子　綠柳堂前春光美　光陰有限倚清松

十五　美好門門結成双　妻宮屬虎百年强

過辰　庭前丹桂生四子　福祿榮華姓名揚

九度　紅鸞照命遇申時　此命合主貴人妻

過申　一世安然高堂樂　身受夫人封增職

三度　丙子屬鼠命最堅　澗下水星壽如山

過子　大限之年七十五　一夢黃粱到九泉

十五　三陽氷消寒梅開　季冬將殘臘蒼開

過申　閏臘月生三十日　露冷風寒离母胎

五度　金星纏度定五星行　又母宫中少刑冲

過辰　姐妹五人先去又　內有石皮在其中

八度　節氣時逢遇仲春　和氣晴始煖柳垂金

過辰　生辰本是閏正月　二十一五日降人倫

四度　滿樹榴花映日紅　桑枝葉上黃鳥鳴

過子　生辰五月初一日　始分陰陽定五行

六度　辰時初刻格局清　父金母水保安寧

過辰　子宫水土閏月好　妻宮火土不刑冲

十一　五十三四门庭旺　華紫土星氣從天降

過申　出入順利添財喜　私謀官幹皆無意

木

六度 木星過丑六度行 又是屬牛母是龍

過丑 悠悠青山並綠水 日月生光有西東

十六 蘭房景色自堪觀 月老前定非偶然

過巳 妻宮屬猴生四子 安享福壽百年傳

十度 酉時生人八字清 善曉四柱並三從

过酉 身受封贈夫人命 金玉滿堂樂甚盈

五度 春風萬物大吉昌 堂上叔親積洋洋

過巳 閏正月生二十日 丹桂枝葉正茂茂

四度 丁丑年生壽南山 澗下水命喜安然

過丑 六十七歲大限到 一枕黃粱赴九泉

十八過酉　隆冬數九正霜氷　閏臘月十八日生

六度過巳　浩然尋的寒梅枝　朔風透户盼新年

五度過丑　日出太陽照西方　姐妹八人是四双

七度過巳　次序之中身居七　其中也有石皮傷

十二過酉　榴花開放映日紅　楊柳枝頭蟬鳴聲

生辰五月初六日　晚景榮昌福自生

巳時一刻宮刑冲　又由母火兩相生

妻水不克子金水　兄弟五人你居中

五十五六凡事吉　出入求財有利息

命宮榮泰吉星照　人口福祿興旺齊

水

七度 雨洒清明萬物生 又是屬虎毋是龍
過寅 貧星过寅祿馬旺 壽如南山不老松
十二 月老註定配姻緣 桃李芬芳色更鮮
过午 妻宮屬虎生五子 丹桂森森過前川
十一 女命近貴註先天 戌時福祿有根源
過戌 戝受封誥夫人位 身着霞佩帶珠冠
六度 命宮註定自興基 綠樹枝頭子規啼
过丑午 閏二月生初五日 门前懸掛新弓矢
五度 戊寅年生城頭土 壽至七十有零九
过寅 限行中地遇虎害 南柯一夢歸陰府

十七　青松翠竹梅花鮮　閏臈月生二十間
過午　蒴風吹動李冬景　紅炉煨火盼新年
七度　水星七度過午祥　無姐無妹不成行
過午　双親位上先去母　孤身獨自守空房
六度　梅桂桃李自青紅　一枝奇花結子成
過寅　生成五月十一日　畫堂定註晩年榮
八度　午時一刻定命祥　父金母火火先亡
過午　妻宮水土無刑害　土木水命是兒郎
十二　五十七八流年安　福壽榮華百事全
過戌　家門康泰多興旺　晩景身安壽延長

火

八度　山上松栢冬夏青　父命属兎母是龍

過卯　一世姻緣前生定　夲按齊眉百年榮

十八　姻緣前定鸞鳳鳴　嫩花開放喜重重

過未　妻宮屬猴生五子　安享榮華自然成

十二　命宮原喜近兒胎　又幸亥時福禄扶

過亥　自居紅鸞天禧位　封贈夫人永和安

五度　栁花赤色似火紅　風吹金栁乱飛騰

過未　生辰原是閏二月　初一父母添一丁

六度　巳卯年生壽延长　納音城上土命強

過卯　八九之年壽二歩　南柯一命不还鄉

十八　積雪堆山滿乾坤　閏臘二十八日生
過亥　松柏耐寒冬將盡　梅花枝頭又遇春
八度　一對燕子過長江　姐妹二人母先傷
過未　五行八字天然定　父在高堂守孤房
七度　桃李滿樹弄青紅　正逢五月十六生
過卯　靈胎降下双親喜　晚年家業更崢嶸
九度　未時一刻定刑冲　父木母水兩相生
過未　妻宜火土子金水　兄弟四人係三名
十四　五九六十氣象昌　豐衣足食有餘糧
過亥　財源滾滾千層浪　添財進喜福祿強

土

九度　綠柳枝頭子規啼　父母同龍世間稀

過辰　過辰九度入土位　必主榮華家業奇

十九　烟緣配合前生定　命該屬虎是妻宮

過申　喜生六子高堂樂　飛鳴頡使世人驚

九度　五行八字定命宮　姐妹三人各不同

過申　堂上双親先去母　父比南山不老松

四度　九天雨露送春來　花落園中滿塵埃

過申　寅二月生十五日　父母堂前笑眼開

七度　庚辰屬龍白蠟金　守至七十六歲春

過辰　江邊鴉唱方回首　山頭頂上自泥吟

七度過子　五星纏度定命宮
六度過子算的清
椿萱福祿堂前樂
父是屬龍母犬庚

二度過子　運交甲子祿重重
龍居滄海甲乙登
戕位陞遷聲名美
富貴雙全比石崇

一度過子　五星要訣最真祥
手足宮中有垂張
兄弟二人你居長
原來同父不同娘

十度過申　申時一刻果非常
父水母火保安康
木土妻宮金水子
定是蟾宮折桂郎

八度過艮　桃李枝頭青更江
綠柳深處燕聲鳴
生艮五月二十一
[illegible]双亲生你望成名

龍

十度　星宿纏度双女宫　父是屬蛇毋屬龍

過巳　五福臨財门祿旺　龍星過巳十度行

十二　氷央戲水碧波清　賓鴻対又共飛鳴

過酉　妻宫屬猴生〻子　門庭喜氣百福生

八度　辛巳白蠟金生夫　命限逢申守不長

過巳　七十六歲南柯夢　悠〻蕩〻赴黃粱

三度　綠柳枝上子規啼　雨後花開正芳菲

過酉　閏二月生二十日　慈母恩夫晚景輝

十度　双〻燕子立江濱　草木森〻仁義存

過酉　姐妹兩対整四个　臺上母命甲归阴

七度　五星纏度失賢留　双親庚相定的周

過丑　父牛母犬為庚相　福氣滔滔水東流

三度　乙丑運臨福氣發　德業隆興財祿加

過丑　用工琢磨方成玉　自西自東詠不差

二度　星宿纏度論命宮　雁行三人君是兄

過丑　雖是同脉辛兄弟　原來不是一母生

十一　酉時初刻定命宮　父金母土得安寧

過酉　木火妻宮水土子　昆中四人你二兄

九度　蟠桃熟時稱薰風　五月二十六日生

過巳　父母堂前添喜氣　晚景安然子諧成

紫

十一　星宿纏定午宮中　父命屬馬母是龍

過午　五福臨门財氣旺　守如松栢萬古青

十四　八字原来是前生　妻是屬虎在艮宮

過戌　子午年生楊柳木　偏房之中一果成

（息不是嫡母養）

九度　壬午年生楊柳木　五度進午木逢枯

過午　七十四歲歸陰去　南柯一夢满堂哭

二度　百花枝頭葉葉青　桃李逢春子規鳴

進戌　閏二月生二十五　父母堂前長笑容

十一　十一進戌主刑傷　棠棣花開各芬芳

過戌　姐妹五人先去母　父守寒衾自淒涼

八度　分宮過度論星辰　五星舒配要訣真

過寅　双辛二相先天定　父虎母狗百年春

四度　運行丙寅是濃陰　雷霆得意喜遷陞

過寅　玉策献揩三千丈　偶遇龍虎會風雲

十度　暑熱炎天似火煎　大輪懸掛在欄杆

過午　純阳大火生人旺　註定六月初一间

十二　戌時一刻最吉祥　又命母火母命长

過戌　妻配金土齐眉案　子三金土是兒郎

三度　人生孚手足莫强求　恩荣二宫命不遇

過寅　兄弟四人你居長　不是同胞一母生

文

十二 算君父命是屬羊 母命屬龍壽高張

過未 文星纏度過未上 綠水青山歲月長

十五 君家妻命是猴庚 命帶孤煞子難成

過亥 偏枝一子晚年立 若不如此無後生

十度 癸未楊柳木命清 七十一歲福不增

過未 蛇年少主衣祿盡 一枕黃粱命歸空

一度 畫梁燕子聲聲揚 一園花李果成行

過亥 生辰主當閏二月 生辰三十顯榮光

十二 四對燕子過海東 姐妹八人主不同

過亥 先天註定母先去 父親有壽你八旬

九度　五星之理玄有玄　九度過卯貧必纏

過卯　父命屬鬼母是狗　双々有壽永百年

五度　運交丁卯大吉昌　官位陞遷显見光

過卯　一輪明月照天下　四海聞名姓字揚香

四度　先天註定兄弟宮　手足五丁君是兄

过卯　雖然一脈親骨肉　不是同胞一母生

十三　亥時一刻少刑冲　父全母大父先終

過夫　若不尅妻大命好　子立閏月水命成

十一　命宮八字定無移　六月初六日是生期

過未　堂々双親恩光重　一生業々泰晚景吉

武

十三 堂上桂柏遇春風 又命屬猴母是龍

過申 星宿過申十三度 書比南山不老松

一度 女命子時不尋常 夫君定是紫衣人（原即主非人主）

過子 珠冠玉佩君恩重 方言子榮華百年强

十一 甲申年生壽命佳 井泉水命七十八（恐羔命子）

過申 限臨丑年作大夢 可惜一介喪黃沙

三度 雲開照月畫相逢 兄弟十個母不同

過夾 次序之中君居八 猶如枯木遇春風

七度 百花凋零遇冬風 瑞雪飄飄正仲冬

過子 生辰正月十一月 庭堂丹桂初二生

十度 星宿过度定吉凶 玄中又玄仔细明

過辰 一生造化由天定 母是属狗父是龍

六度 戊辰運臨是大有功 万里江山万里程

過辰 玉堂金馬人争羡 官位遷移又顯名

十二 薰風送暑聆中秋 紫燕飛来入画楼

過申 生辰六月十一日 星君海屋又添籌

五度 空中鴻雁排成群 兄弟宮中有六人

過辰 次序之中君居長 不是同胞一母生

四度 二十七八運最大有 添財進喜兩相宜

過子 出入經營財源茂 遷移順利百福齊

陰

十四 桃李花開遇春風 父命屬雞母是龍

過酉 陰星過酉十四度 壽似松柏福自生

二度 生逢丑時註先天 命中有祿非偶然

過丑 造就勑封夫人命 晚景福祿壽更安

十二 乙酉年生壽數高 井泉水命降人間

過酉 八十數盡交大限 一旦黃粱赴九霄

四度 小運交臨大亥通 比年衣祿自然豐

過巳 若交二六十月內 家道康太瑞氣生

八度 朔風凜凜過溪窟 隆冬暑數九雪飛霜

過丑 閏十一月初八日 晚景又看雪梅香

十一
過巳

太陰過巳定世間
一生造化会錯差
金烏玉兔似穿梭
又屬小龍母戌年

七度
過巳

運行巳巳事趣情
路行萬里恩先重
戚伍陞遷有呈譽名
四海名揚達帝京

十三
過酉

薰風送暑秋蟬鳴
大抵乾坤同一位
正當六月十六生
黃閣青衙又添丁

六度
過巳

棠棣花開生光輝
手足三中君居長
兄弟七人壬分飛
一樹同更不同枝

五度
過丑

三九四十好求財
旱苗逢雨勃然旺
事事如意稱心懷
枯木逢春花又開

穿梭

陽十五

太陽纏宿本無凶　父是屬狗母是龍

過戌　貧入天门風雲感　壽似南山不老松

三度　天乙福星入命宮　合享天祿寅時生

過寅　身居夫人封贈位　鳳冠霞佩受皇封

十三　丙戌命是屋上土　壽享七十又零五

過戌　辭了人世不能在　一夢黃梁归陰府

五度　流年財祿自豐盈　必主福氣喜重重

過午　若交三七十一月　一声雷响万里朗（明）

九度　朔風吹動松柏黃　竹影梅花雪加霜

過寅　生辰乃閏十一月　十三降世晚風光

十二　太阳道午當天中　衆星拱之本位言

過午　註定人間親厚相　又命屬馬丑狗虎

八度　運臨虎午非等閒　凡事如意皆周全

過午　那是好辰調美手　福信陞遷喜星待

十四　暑熱薰風萬物榮　蟬声送暑閒金風

過戌　生辰六月二十一　葵花開放映日紅

七度　身命二宮阳星強　兄弟八人是四双

過午　雖然一脉親手足　皆系辰長不同娘

一五度　星宿过度喜非常　四十一二福祿強

過寅　求財進喜多吉利　门庭興旺大吉昌

巨十六

巨星躔置近門下天上　父是屬鴟母龍人

過亥　壽似南山最長久　晚景福祿更超羣

四度　女命近貴卯時生　誥命臨門身受封

过卯　四度过卯與身命　福祿並臻一世榮

十四　壓上土命丁亥年　限行辰位祿久全

過亥　六十八歲衣祿盡　一夢黃粱到九泉

亥度　命宮小限吉星躔　流年順利在眼前

過未　若交四八十二月　必主福祿喜事添

十度　松竹精寒晨雜風　瑞雪白滿天須

過卯　生辰正閏十一月　梅放清香十八生

十三　五星纏度細推詳　巨入未鄉吉無凶
過未　父命屬羊母是犬　双双壽考似青松
九度　冶鑄金鐘出身形　也憑青年漸漸成
過未　運至羊未財祿顯　戕位墜匹月正明
十五　季夏將盡秋又逢　蟬聲悲哀畏秋風
過亥　生於六月二十六　貴子共菲喜相生
八度　兄弟宮中排成羣　匹是過未有九人
過未　次序之中君居長　不是生身一母親
七度　七度過卯定吉祥　四十三四福祿祥
過卯　月臨喜氣多興旺　添財進喜大吉昌

巨三度　命宮小限吉星昌　流年庚逢喜氣揚

過辰　若交正五九月內　天時人時雨成祥

八度　流年八月不吉昌　口舌是非惹禍殃

過寅　若是災除並禍散　交了九月得安康

一度　五星推算女命强　富貴榮華受封章

過寅　珠冠霞佩声名美　耀祖光宗滿門昌

斗木獬卷拾部

炁

十三　炁入午宮喜洋々　度行十三木獬當
過午　二親庚相無差錯　馬父猪母在高堂
十二　炁星入在兄弟行　一排十人有五雙
過午　雖然生你居二位　却是同父不同娘
八度　六、十七八正吉祥　此年稱意事々强
過卯　家門康泰自然穩　晚景更亨福壽長
十五　舉自園林景芳菲　梧桐深處金蟬啼
過戌　生辰六月二十二　正是陽和盛暑時
十度　朔風凜々大雪天　松竹梅花耐歲寒
過寅　生辰正閏十一月　十四靈胎降人间

九度　壬午運臨百事寧　重新整立壯門庭
過午　喜沐恩寵增官祿　更有金帛積山成
十六　手纏白羊更無別　丹桂森森枝不缺
過戌　父犬母蛇刃親相　著立門庭是豪傑
四度　女命生逢酉時間　勤儉賢良福祿全
過寅　悦景猶喜身康泰　助夫興業立家緣
十五　已亥年生壽延長　平地木命怕人傷
過亥　大限七十零六歲　悠悠一夢赴黃粱
二度　命中坐定甚聰明　魚鼓簡板談道情
過戌　雖然不是逢某客　說起江湖有芳名

孛

十四　斗孛交纏定高强　十四過行入未方
過未　先後兩天乾坤对　父羊母豬舉高堂
三度　孛星交纏定陰陽　妻配水火不刑傷
過子　子立金水闰月好　度數分来三刻詳
九度　六九七十大吉昌　凡事順利財源强
過辰　天賜榮華晚景樂　家門兴旺福寿長
十三　鴻雁分飛乱紛紛　兄弟十一定的真
過未　雁行排來你為次　不是同胞一母親
十六　丹桂庭前正滿枝　生辰六月二十七
過亥　正逢季夏風景好　蚕桑枝上黃鶯啼

十一　数九寒天雪花飛　梅綻清香正迎時

過亥　已育正寅十一月　十九却是生君期

十度　運臨癸未最為良　滿门吉慶納禎祥

過未　火土未交職遷轉　增福增寿日月長

十七　孛星入亥過门中　父是屬猪有芳名

過亥　度行十七母蛇相　一门忠孝自天生

五度　女命生逢申時辰　晝夜操持儉又勤

過卯　鴉鳴相夫賢內助　暁景又喜產麒麟

二度　孤燕南飛遶畫梁　月中帯影照一双

過子　揔有姐妹不得力　隻身獨自定綱常

羅

十四過未　羅星過申入本郎　遇獬无刑化吉祥

（過未）　双親並茂加福寿　父命屬猴母猪強

四度過丑　丑時三刻妻有防　火土不刑定命長

（過丑）　子立金命方存保　非金非木一命亡

九度過辰　七十一二祿福齊　出入和順百事宜

（過辰）　可喜晚年多通泰　福氣滔滔世所稀

十四過申　鴻雁分飛望南還　兄弟三人一排連

（過申）　你身居未不同母　先後榮枯一脈傳

三度過子　四柱華蓋甚清奇　身居田園樂有餘

（過子）　生逢亥時身榮旺　富足榮昌百歲宜

十二　朔風凜凜正仲冬　浩然尋梅踏雪行
過辰　已育正寅十一月　正十四日始降生
十一　大運甲申喜重重　靈根非種自然生
過申　良玉琢磨成至寶　爵位遷陞日月明
二度　先後配定是姻緣　鴛鴦同枕不同年
過子　妻宮屬虎成家計　丹桂庭前生二男
六度　先命註定女命宮　勤儉賢良曉三從
過辰　旺夫益子興家業　安康福祿未時生
三度　斗星值宿空高强　三度過丑喜洋洋
過丑　上不見姐下一妹　溫良德性保安康

計

十六 過酉 計星入酉喜非常 命斗交纏論陰陽
星辰註定刃親相 父是屬鷄豬母良
五度 過寅 寅時三刻妻有妨 若逢水土壽延長
金木兜即方存保 火土生來定哭殃
十一 過午 七十三四大吉昌 家門喜氣滿庭芳
命宮安穩佳氣象 逍遙快樂永無殃
十五 過酉 計星過酉仔細評 兄弟宮中有四名
你身居三有貧富 不是同胞一母生
四度 過丑 戌時生人主榮華 星命二宮星最佳
命主天祿臨門下 貴子賢孫皆發達

十三
過巳　剪碎鵝毛遇朔風　寒梅開放逢季冬
　　　生辰正月十一月　二十九日丹桂生

十二
過酉　火運必到乙酉臨　廣施善政牧期民
　　　職位陞遷承恩寵　皓月雲空絶点塵

三度
過丑　姻緣前定亦不差　猶如喬日放嫩花
　　　妻宮屬鴉生二子　可喜後代声名嘉

七度
過巳　鸞鳳飛舞配姻緣　生逢午時女命安
　　　克勤克儉持家業　福祿財源漸增添

四度
過寅　人馬宮中斗計纏　四度行之女命安
　　　森々竹立娣娥女　姐妹三人你居先

金

十七過戌六度　金木交纏過戌宮　星辰排限定的清
椿萱並茂南山寿　父命屬狗母豬庚
卯時三刻定的真　妻宮水火不刑侵

過卯十二　子立金水木命好　若非如此命不存
流年七五至七六　命宮通泰天護佑

過未十六　家門清吉多順利　晚景豐盈增福寿
棠棣花開色最新　兄弟宮中有五人

過戌五度　君居三位先天定　只是同父異母親
酉時生未命宮强　富貴榮華大吉昌

過寅　財帛田宅恩星照　晚景清吉好風光

十四　寒風陣陣雪滿天　玉石砌路粉粧山
過午　閏臘月初四日胐　庭前梅花色更鮮
十三　大運必至丙戌鄉　滿門康泰大吉昌
過戌　食祿千鍾榮恩喜　職位陞遷福祿彌
四度　姻緣配合在命宮　妻宮屬兔子三朵
過寅　家門康泰添祥瑞　丹桂三根顯芳名
八度　配合鴛鴦戀鳳舞　生逢巳時能助夫
過午　敬夫如天光恩重　勤儉持天家享祿
五度　金斗必纏陰勝陽　姐妹四人整兩双
過卯　你身居長為領袖　宮夜茂盛出閨幃

木

十八 斗星遇木過亥宮 納音水命喜相生

過亥 星辰過度等不錯 父母同是亥年庚

七度 辰時遇亥三刻成 妻主金木不相沖

過辰 子息水土得安穩 兄弟宮中保二行

十三 七十七棚流年發 家門康泰福祿加

過申 正逢運至多吉慶 晚年安樂喜榮華

十七 雁過江南相應鳴 兄弟六人定的真

過亥 君居三位等不錯 不是同胞一母親

六度 申時生人入貴鄉 財帛宮祿俱坐強

過卯 命宮合主家業旺 管保榮耀換風光

十五　梅吐清香雪映门　漁翁釣罷浩然尋
過未　寅臘月生初九日　玉石砌就粉乾坤
十四　大運交轄丁寅宮　花竹逢雨遇秋風
過寅　爵位陞遷福祿美　明月光輝照當空
五度　前世姻緣配人命　老少姻緣結成婚
過卯　妻宮屬鴉生三子　福祿綦綦百歲春
九度　辰時生人享福祿　夫倡婦隨兩和睦
過未　勤儉持家守三從　真為人間女丈夫
四度　戊子年生此命宮　霹靂火命主壽增
過子　八十二歲衣祿盡　南柯一夢命歸空

水

七度 一双燕子繞雕梁 姐妹三人不成双

過巳 斗水火纏次序定 你身一定排二行

八度 巳時三刻定命宮 妻主刑傷火土榮

過巳 金水木命子方保 若非此相定招空

十四 七九捌十暖景强 老來命宮福自昌

過酉 流年不許論否泰 歲歲從此保平康

五度 榴花開放映日紅 黃花結實似金鈴

過子 生辰五月初二日 紫燕亂哺畫梁中

七度 命宮註定未時生 福祿俱强更華榮

過辰 財帛田園吉星透 還生貴顯光門庭

十六

過申

六度

過子

六度

過辰

十度

過申

五度

過丑

朔風凜凜正殘冬　梅花從蕊望春風

閏十二月十三月　丹桂庭前子結成

求斗文纏金宮瓶　過子六度斷的清

父命屬虎安然樂　母命屬蛇壽如松

前世月老配姻緣　鸞鳳和鳴非偶然

妻宮屬兔生兩子　百年福壽兩俱全

女命生來衣祿豐　生逢卯時選良能

助夫勤儉成家業　溫良孝順知三從

已丑霹靂火命成　限行午位一命終

嫩花逢霜秋後落　七十七歲命歸空

火

八度 人秉天地論陰陽 姐妹宮中四位強
過午 火入午地分次序 算來你身居二行
九度 午时三刻日天長 子息火命永安康
過午 妻必重刻父大運 星辰過度定緣良
十五 運行流年大亨通 八十一二喜長生
過戌 衣祿無窮財源旺 暮景悠悠享遐齡
六度 仲夏初交百草開 花開正好時又來
過丑 生辰五月初七日 弟景芬芳稱心懷
八度 命宮田宅遇貴星 榮華富貴更興隆
過巳 生身午時分數定 財帛豐足顯豪華

十七　玉砌道路霜滿天　浩然尋梅踏雪還
過酉　肖臈月生十九日　朔風吹動季冬寒
七度　火星纏斗七度遊　妻光似箭又屬牛
過丑　母命屬蛇無差錯　滔滔福如東海流
七度　玉女結婚配姻緣　珠子繫彩來庭前
過巳　妻宮鴉相生四子　安享福祿樂田園
十一　生逢寅時衣祿豐　身閑心忙女命宮
過酉　鴉鳴肉助相和順　晚景粧台又整容
六度　庚寅年生松柏木　七十二歲盡衣祿
過寅　逢午遇丑難逃避　一夢黃梁歸陰路

土

九度 五星纏度理最深 姐妹推來卅三人

過未 上有二姐下無妹 數定不差半毫分

十度 未將三刻必刑冲 若逢水火是妻宮

過未 子丑金木與家業 兄弟三人你頭名

一度 兄弟宮中福祿金 兩母九人你居三

過巳 家門康泰多順利 身体安寧福祿添

七度 安身立命在何時 五月十二降生期

過寅 簷前火傘當空照 房內沐浴淨胎泥

九度 財帛官祿入命宮 五福駢臻身顯榮

過午 一生清閑多快樂 皆因身在巳時生

十八　三冬將盡盼妻風　松柏森〻竹葉青

過戌　生逢臘月二十四　父母添囍初子成

八度　斗入土宮八度行　人馬宮中定吉凶

過寅　父弟母蛇刃親相　刃〻壽比不老松

八度　鴛鴦同宿在江边　配合鸞鳳〻永團圓

過午　妻宮屬兔生五子　個〻芳名四海傳

十一　女命丑特降生身　助夫興業百福臻

過戌　持家賢能獲麟子　安然康泰共欣〻

七度　辛卯年生松柏木　申限逢危命不固

過卯　七十二歲夢黃梁　應知不復人間住

龍

十度　五星纏定度五行　龍斗文纏過申宮
過申　姐妹四人合星法　同氣排行你三名
十一　申將三剋星不服　十一行未又過龍
過申　配定妻宮火命穩　子立金來保安寧
八度　暑氣炎炎似火蓮　綠柳枝上一蟬鳴
過卯　生辰五月十七日　靈胎落地分五行
十度　八字生辰入貴鄉　命主榮華有恩光
過未　福德財星多全美　福祿綿綿壽延長
十九　古柏蒼松耐寒梅　朔風陣陣逞寒威
過寅　寅十一月二十九　靈胎出世三陽推

九度　九度遇卯凶星絕　父星屬兎母屬蛇
遇卯　衣祿豐厚見光好　有福有寿乐休歇
九度　姻緣相配似鴛鴦　美滿恩情兩相宜
遇未　妻宮屬鷄為庚相　生產五子名俱揚
十二　命宮配合織女星　生逢子時整家風
遇亥　勤儉助夫鷄鳴早　禮義溫良曉三從
八度　長流水命壬辰年　大限巳宮寿不安
遇辰　乃十八歲衣祿盡　一夢南柯永不還
大度　龍年又纏过辰宮　度數分分定吉凶
遇辰　糕台姐妹知幾位　兩個女兒你二名

紫

七度 紫微过子更明新 七度又遇牛來臨

过子 亂父堂前晚景好 白頭猪母笑欣欣

十一 酉時三刻妻刑冲 若逢金火百年榮

過酉 火土之子方存保 不遇火土克來空

四度 命宮八字細推尋 兄弟宮中有四人

過子 次序排來你居二 不是生身一母親

九度 財當仲夏暑氣逢 二麥正熟子而成

过辰 生辰正月十二日 衣祿豐足稱心情

十一 卯時生人福祿强 財帛田宅遇文昌

過申 命主家業重重富 世間綿綿壽延長

三度　大運丙子喜呈祥　風送桂花十里香

廿子　蓁蓁仕路添吉慶　爵祿陞遷更高強

十度　紫微廿辰十度行　二親庚相定的清

過辰　雙雙有壽多通泰　父屬丈龍母小龍

十度　配合姻緣紫遇申　盡在月老簿上尋

過申　妻宮兔相生六子　興家立業成人倫

十一　紫微入酉度數遊　陰陽順逆古今投

過酉　姐妹四人各呈德　你身居在盡後頭

九度　癸巳長來孫來生　命限逢酉壽不增

廿巳　七十七歲南柯夢　回首黃粱去無蹤

文

八度　文星過丑塵世間　八度行來卯斗纏

過丑　椿萱並茂松柏景　父命屬牛母豬年

十三　戌時生人少光陰　妻主刑傷木命存

過戌　子主金水興家計　若逢木土難成人

六度　手足宮中細推尋　同氣連枝共五人

過丑　你生居次不同母　卻是生身一父親

十度　胎元生期仲夏時　正逢五月二十七

過巳　薰風吹動荷葉舞　堂上雙親添歡喜

十二　榮華富貴似春光　財帛豐隆大吉昌

過酉　命合寅時生最喜　壽延福祿總高強

四度　運丁丁丑稱心情　驂馬乘鸞入鳳城

丗丑　職位陞遷人爭羨　紛紛喜氣降門庭

十一　文曲入巳纏斗星　過度推之算的清

過巳　辛喜乾坤合一位　双親俱是蛇年生

十一　姻緣配定非偶然　妻宮屬鷄相祿全

過酉　丹桂庭前生六子　興家立業守田園

指二　五星造定甚分明　洩漏天機世人驚

過戌　姐妹二人各逞能　次序排來你二名

十度　甲午年生命延長　馬逢澗崖被猴傷

丗午　大限提防七十五　沙中金命入泉鄉

武

九度　人馬宮中九度詳　武曲行之更吉昌

過寅　二親高堂同有壽　父命屬虎母猪强

十四　亥時三刑定吉詳　妻主重刑小命堂

過亥　子主重承綿世業　若不外出主恓惶

七度　先天註定兄弟宮　手足二人定的真

過寅　次序之中你居二　原來不是一母生

十一　荷花出水映日紅　季夏炎天似火蓮

過午　生辰六月初二日　靈胎落地見薰風

十二　命宮丑時降生候　富貴榮華甚奇哉

過戌　財帛田園蒙恩佑　滿門積祿福心懷

五度　起之前路未通津　此限重整打子戮
過寅　運交戌寅多吉兆　職位陞遷兩祿臨
十二　曲武纏斗是愚星　度行十二過午宮
廿午　推算人有親庚相　父是屬馬母是龍
十二　妻宮庚相屬兔人　定知兒子亦難存
廿戌　男女宮中愚星至　偏房喜產一麒麟
十一　乙未年來壽相言　沙中金命怕人陶
過未　九九數盡大限到　黃粱一命永逍遙
十三　武入亥宮近天刃　星宿推算理最真
過亥　姐妹三人你居一　必有石皮主一人

陰

十度 太陰穿入卯宮中 人間庚相我先眠

過卯 須洩天機傳後世 父是屬兔母猪庚

五度 流年六十一二通 福祿積祥百事成

過子 滿門康泰多豐旺 暮景安樂喜盈盈

八度 斗星又纏兄弟宮 雁行排來在昌第

過卯 手足七人不同母 你身居次喜相逢

十二 出水荷花弄彩紅 涼亭避暑聽蟬鳴

過未 生辰六月初七日 門前恭賀弄璋声

十四 子時生身喜星助 陰騭所積天眷顧

過亥 命宮財帛多豐盈 家道積祥貴且富

六度 大運交臨巳卯中 琢開白玉見良工
過卯 便知有志遇明主 廉而不貪又還堅
十二 太陰世位喜星祥 母命屬蛇父屬羊
過未 南山四皓人难比 双双有寿在高堂
十三 妻宮屬鴉坐凶星 終身尅子定难成
過亥 若論命中子不缺 偏房枝上一葉生
十一 丙申山下火壽佳 數盡壽考七十八
過申 猴逢鼠咬难逃避 可惜一命染黃沙
三度 紅鸞入命是吉星 添人進口貴子生
過辰 一喜沖開百憂去 逢凶化吉保安寧

陽

十一 過辰 太陽過辰近天门 週而復始又重新

刃親庚相先天定 父龍母猪寿长春

六度 過丑 流年六十並三四 歲歲禎祥福寿至

君子加官又進祿 庶人重重添喜事

十度 卅辰 鴻雁分飛過长江 手足宮中有乃強

次存之中君居二 原来不是一個娘

十三 過 鴉冠花開玉簪香 芙蓉含笑並呈祥

生辰五月十二日 父母堂前喜弄璋

八度 過子 朔風凜凜之仲冬節 生辰正寅十一月

初四降生一陽卅 貴子生来父母悅

七度　庚辰運臨喜可誇　福祿錦上又添花

過辰　人才出衆家声振　職位陞遷福祿加

十四　太陽交申度數遊　父命原来是屬猴

過申　慈母雙相安逸樂　双々有寿到白頭

二度　女命生来在亥時　克勤克儉立家基

過子　三從四德声名美　敬夫如賓福祿齊

十三　丁丑年生福祿長　山下火命寿呈祥

過酉　七十九歲辭陽世　醉臥南風夢黃粱

一度　命逢天喜星最良　添人進口大吉昌

過巳　男命逢此大順利　女命定主生兒郎

巨

十二　人生稟命論陰陽　二親宮中仔細詳

過巳　父蛇母豬為庚相　雙雙有壽在高堂

九度　六十五六福星至　此年合主喜慶事

過寅　出入利益百事通　悅景安然多得意

十一　江邊鴻雁南近北　野外田園西復東

過巳　兄弟九人你二位　一父不是一母生

十四　晝去日暖季夏天　特至薰風正清閒

過酉　生逢六月十七日　脫離母胎降人間

九度　紛紛雪舞絮同狂　馥馥梅花吐清香

過丑　閏十一月初九日　門上懸矢威四方

八度　辛巳運中遇吉星　奇花得雨分外清

過巳　祖祿高遷聲名美　喜氣臨門滿堂庭

十五　星辰出度定命宮　恩榮依難定吉凶

過酉　一生造化原無錯　父命屬雞母蛇庚

三度　戊特女命祖祿強　勤儉持家心更忙

廿丑　表壯不如裏壯好　自古妻賢夫嘉良

十四　戊戌年生平地來　七十七歲方盡祿

過戌　青山綠水依然在　一夢黃粱入幽墓

九度　六合吉星入命宮　出入亨通喜氣生

過午　求財順利皆得意　逢凶化吉保安寧

五度　命犯華蓋少人知　此星終是人人妻
過未　就是富豪官宦女　花前月下也和期
大度　流年六月不吉昌　口舌是非招禍殃
丗戌　若得災除並禍散　又丗七月保安康
一度　先天推算不虛言　此數生來主貧寒
過亥　東求西拋難重厚　一世奔波受艱難
四度　度數分宮命主優　不耕不耘自安收
過午　若費心機方得遂　便顯先天有神周
三度　此命一生有貪杯　端起陀鍾只要吃
過亥　有似大樂神仙休　混混沌沌顧不的

蠢子纏度

前牛金牛　卷之

後

炁

三度　寅時一刻定命詳　父是金命母土方

過寅　妻水不赴齊眉案　金水木命是兒郎

十一　兄弟宮中仔細評　手足五人一脉同

過午　雁行推來你居四　原來不足一母生

十六　時值炎陽季夏天　生逢六月二十三

過戌　薰風送暑蟬聲噪　暑去寒來子規覌

十一　寒梅開綻味更香　鵶棲枯木噪月光

過寅　閏十一月冰堆砌　生辰十五福祿昌

十度　大運流轉甲午鄉　財祿兩全居外方

過午　命主和悅福祿太　職位升迁沐恩光

十一过戌五度过寅七度过午十五过戌八度过午

照人宮中仔細詳
乾坤相守交太位
月老前定配姻緣
千里交頸处央对
甲日己巳時福生
移庚戌年生釵環金
福氣滔滔財源旺
青山綠水交覌尽
小運流年太歲纏
破財口舌生煩惱

父狗母羊不同庚
壽比南山不老松
僕女僕男鳳凰覌
只因生逢五刻间
命宮千鐘一生足
七十七歲尽光陰
四海揚名達帝都移
人生那有百年人
七月八月有牽連
時交九月始平安

亭

四度　卯時一刻最為良　父金母土歲月長

过卯　妻木子立火土好　此人定是紫衣郎

十二　兄弟宮中喜榮昌　排行六個整三双

过未　你身居四先造定　只是同父不同娘

十七　命宮註定更不差　一生辰六月二十八

过亥　五星命要訣分明是　一世清閑真可誇

十二　正是隆冬數九期、　閏十一月生二十

过卯　麒麟送子天上降　浩然尋梅百福齊

十一　運交乙未生吉祥　丹桂逢春味更香

过未　加官進祿恩重光　声名萬里姓字昌

牛

十二　孛星过亥十二尋　福寿安然百歲春

过亥　屬豬是你身生父　定知屬馬是母親

六度　千里姻緣月老成　妃央交情有恩情

过卯　僕男僕女為夫婦　時值六刻分五行

八度　甲日戊辰時星隆　万里青雲足下生

过未　命宮富貴身榮星　獨步蟾宮上九重

十六　辛亥叙鐶金寿長　馬行厓淘遇刑傷

过亥　謹記七十零五歲　一枕黃梁夢夕陽

九度　欲知流年小運通　煞星流轉到命宮

过未　六月五向須防倫　災消禍散七月中

羅

四度 父母宮中配天然 母年生你閏十三

过子 丑上喜事從來有 前生造定母少年

五度 辰時初刻定刑冲 父母金水保安遣

过辰 妻宮土木齊眉案 子息火土方保成

十三 空中鴻雁已成行 兄弟七人甚榮昌

过申 次序排來你居四 生育不是一个娘

一度 蘭桂乘時自芬芳 梅綻花開应時香

过子 閏三月生初一日 蝴蝶採花踰粉墻

十三 雪花不時空中舞 終占良田途路阻

过辰 閏十一月身出丑 元辰降生二十五

牛川

十三　大運丙申月正圓　丙過園林景色鮮
過申　身居外郡多康泰　職祿初經位升年
五度　花開正逢三月天　妻宮配合是龍牛
過子　桃繞梅開堂前茂　枝頭結菓二子男
七度　七刻生人分五行　僕男僕女兩和鳴
過辰　月老注定妃共對　赤繩繫足望孔姪
九度　甲日時逢丁卯宮　腰金衣紫佐朝廷
過申　學海文淵三教顯　位列金殿拜九重
三度　羅猴纏牛過子宮　三度推之定彩猴
過　采鮮花艷不入盡　再添一朵你一行

計

五度　花開艷色春風傳　桃李枝頭弄春紅

过丑　母年方交十四歲　丹桂庭前產人龍

六度　巳時、刻果犯帶　父母木命百歲強

过巳　妻宮水火无刑害　子立金水姓名揚

十四　手足宮中註星強　兄弟八人甚光昌

过酉　雁行排來你居四　若是同父不同娘

二度　堂前丹桂翠竹梅　綠柳丹桂更芳菲

过丑　生辰閏三月初六、　桃杏花開春雨催

十四　枯木冬至一陽生　雪裡梅花期朔風

过巳　生辰正閏十一月　三十降生福祿增

朱文

十三 運行丁酉甚堪誇 短袖縫裏字榮華
過酉 天賜恩光任迂誇 吉祥如意福孫發
六度 姻緣前定逢今世 春光花開色更濃
過丑 妻宮是狗生二子 持家興業蓋人龍
八度一 夫婦久遠兩相歡 賢女千里配賢男
過巳 只因生逢八刻酉 晚景福壽永綿綿
十度 甲日丙寅時生福 虎正龍端百可足
過酉 君王玉殿崢嶸美 富貴榮華折桂翁
四度 計度纏牛仔細祥 四度過丑陰勝陽
過丑 姐妹五人同一体 你身一定居一行

金

度六　惟有桃李早生萼　花開枝嫩子初成

过寅　生你母命方十五　幸蒙父母深恩特

七度　午時一刻貴非常　父母金水又先亡

过午　妻主尅離土水好　子立水火晚年香

十五　雁过南樓思故鄉　兄弟九人家運昌

过戌　手足行中你四位　同父只是不同娘

三度　梨花開放排成行　棠棣開綻壽考老

过寅　閏三月生十一日　雨後杏花更清香

十五　風擺竹擺雪花飄　露結為霜淨（满）樹梢

过午　生辰閏臘月初五　迎春花動是青條

十四　大運交過戌戌向　財帛金珠滿目前

过戌　福祿双全真奇美　旗將清明位過達廷

七度　月老姻緣配不差　妻小是就結白髮

过寅　庭前喜生三个子　恩光立安可傳家

九度　註中陽錯共陰差　身作殘房結白髮

过午　月老配成处央对　生逢三刻福祿佳

十一　甲日時逢乙丑宮　富貴榮華望九重

过戌　躍過禹门三汲浪　果然平地雷一声

五度　人馬宮中金遇寅　姐妹茂盛正芳芬

过寅　同氣連根六芴茂　你身居長空的真

木

七度　向日碧桃綻錦紅
過卯　一番蓁蓁緣花早
八度　未時初刻空刑沖
過未　妻宮金木無尅害
十七　兄弟宮中值木星
過亥　雁行排來君居四
四度　花發雨後隨意期
過卯　平生所為仗節義
十六　浩然尋梅朔風寒
過未　閏十二月初十日

年乙

須知楊柳笑芙蓉
母十六歲你身生
父母水火既濟生
子息火土方保成
一脈所生十弟兄
不是同胞一母生
枯木逢春生嫩枝
肖三十六你生期
紅爐烘火在眼前
父母堂前長笑顏

十五 運交巳亥氣象新 雪裡梅花味更馨

过亥 遇此運臨官祿显 重重叠叠拜明君

八度 前世月老配姻緣 妻宮是狗結兩欢

过卯 喜生三子天仙賜 双双有壽永百年

十度 四刻生人姻緣美 殘花入洞房含花

过未 八性真假前世定 晚景又喜福祿佳

十二 甲日甲子時步天 五福迎門丹桂枝

过亥 天賜祿馬金玉貴 垂紳正笏列朝班

六度 木星入卯是本鄉 六度行之定形疑

过卯 溫良恭儉有情性 姐妹一雙你二行

年六

水

八度　春早花開色更鮮　椿萱二命喜周全

过辰　母年青正十八　生你堂前弓矢懸

九度　甲時一刻定刑冲　父火母金母先終

过申　妻若不尅水土去　子息木土方安逸

六度　安身立命何宮生　桑蚕枝上杜鵑鳴

过子　生辰五月初三日　父母堂前產人龍

五度　桃李花開正季春　已育父母恩愛深　閏二二十一生辰

过辰　時刻八字皆前定　已育父母恩愛深

廿七　別風吹動雪滿天　桂柏松竹耐歲寒

过申　生辰閏臘月十五　皓然尋梅踏雪还

一度	八字生來在命宮	牛纏水星一度同
过子	父命是鼠天然定	母命註定馬年生
九度	一枕北央自清香	鸞鳳交結配同房
过辰	妻宮是龍生四子	可喜後代姓名揚
十一	姻緣前定不自由	必作殘房到白頭
过申	時分五刻無差錯	夫婦和合添壽〻
五度	壁上土生更不安	逢午過丑祿不全
过子	七十四歲衣祿盡	一夢黃粱到九泉
七度	水星过辰七度行	粉粧姐妹算的清
过辰	三從四德声名美	鮮花三朶你三層

年二

火

九度 花萎初綻正芳榮 庭前日照花更穠
过巳 母年方交十八歲 恩愛兒同今世中
十度 酉時一刻定命詳 金水木命是兒男
过酉 妻宮火土不刑害 父金母火父先亡
七度 薰風炎炎五月天 黃鳥和鳴柳陰边
过丑 生辰降在初八日 父母堂前笑声喧
六度 綠柳冉冉正季春 時值榮和月轉深
过巳 閏三月生二十六 春光佳景一色新
十八 耐寒松柏色更青 殘冬將尽雪花紛
过酉 閏臘月生二十日 熊羅應兆貺新春

二度　堂上雙親父是牛　母親是馬百年秋

过丑　火星过丑纏二度　福祿双全添寿〻

十度　处央戲水在碧波　姻緣配合结絲羅

过巳　妻宮是狗生四子　桂柏森〻喜清和

十二　生逢六刻结处央　身作殘花喜配郎

过酉　滔〻衣祿多遍秦　桂花结子晚年香

六度　辛丑壁上土命生　限行巳位一夢中

过丑　嫩枝逢霜秋後艸　七十七歲命歸空

八度　火入巳宮八度巡　姐妹宮中算的真

过巳　四人茂枝春前艸　你身它是第二人

土

十度 綠水兜央碧沙清 天賜麟兒丹桂庭
过午 生你母年方十九 東風吹動子規声
十一 戌时一刻定刑冲 父土母水父先終
过戌 妻宮土木不刑剋 金木見郎閏月生
八度 蟬噪薰风柳陰鳴 海樹黃梅似金鈴
过寅 生辰五月十三日 二麦结实子粒成
七度 綠柳冉冉季春終 薰风將至夏初登
过午 生辰正是閏四月 初一堂前聞喜声
十九 數九寒天正殘冬 松柏不愁独見青
过戌 閏臘月生二十五 朔风將尽盼新正

三度　太陽过陰三度头　母命是馬父居寅
过寅　飢渴同飲梟下水　雙々只壽到百春
十一　五星能洩造化天　姻緣前定孤偶然
过午　妻宮六旧是豬相　必產五子在堂前
十三　支主同衾不同年　必同残房结姻緣
过戌　月老配成姻緣对　生逢七刻理宜然
七度　壬寅年生金箭金　七十七歲尽光陰
过寅　大限之年祿已尽　魂魄逍遙不見人
九度　斗星过午纏土星　推算人间姐妹宮
过午　要知粧台只几位　女流五个你二名

龍

十一 綠水鴛鴦碧沙中 丹桂庭前藥更香

过未 母年方交二十歲 生你堂前振家声

十二 亥时一刻定命宮 父土母金父先終

过亥 妻宮水火多刑害 子息火土猴蛇成

九度 烏飛兔走季夏天 紅日東升落西山

过卯 生辰五月十八日 火輪懸掛在簷前

八度 孟夏榴花似火紅 蝴蝶枝上怕狂风

过未 闰四月生初六日 增添喜氣耀门庭

十度 数九寒风撲滿怀 梅花將殘送春開

过寅 闰臘月生三十日 避了旧歲新春来

四度　許星過卯度數真　父命是兔馬母親

過卯　桃李花開風光美　庭前丹桂又還春

十二　夗央交結配成双　威風凜凜姓名揚

過未　妻宮是狗生五子　丹桂庭前自生光

十四　生逢八刻殘房游　夫主宜長到白頭

過亥　洞房夫主斷絃續　夗央交頸逍風流

八中度　癸卯年生金箭金　逢甲過猴主大驚

過卯　七十八歲蝴蝶夢　逍遥快樂赴南宮

十度　許入未宮十度行　未乃羊形怕見許

過未　子息不及女流旺　姐妹六人你二名

紫

十二　子息早亡皆天然　庚相拱然在人向
过申　生你母年二十一　一枝丹桂立堂前
五度　子宫过度空天倫　手足排来只七人
过子　君居三位先天註　生身不是一母親
十度　时当仲夏炎熱天　月建斗柄在寅边
过辰　紫微牛星十度遇　生辰五月二十三
九度　紫荊花開映日紅　满园桃杏掛金鈴
过申　闰四月生十一日　牡丹花卸子结成
四度　運交戌子最為良　亨通如意鉄生光
过子　職位升迁官祿贵　福寿康寧百事昌

五度　紫过辰宫五度分　父命是龍馬母親

过辰　松柏蒼蒼多吉慶　桂竹森森九度青

十二　姻緣美滿月老成　芝蘭桂柏每青松

过申　妻宫必定是龍相　生産六子耀門庭

一度　甲日乙亥時显名　福壽綿綿祿重重

过子　壯年首登龍虎榜　奮志青雲步蟾宫

九度　灯頭火命甲辰边　限行巳宫身不安

过辰　七十七岁辰祿尽　回首一夢到黄泉

十一　紫微星君过申宫　粧台姐妹算你精

过申　兄姐無妹你居三　温良德性大不同

文

十三 花開細雨是東風 一樹桃花一果成

过酉 母年方交二十二 看你当前珍珠明

六度 兄弟宮中仔細詳 手足八人整四双

过丑 君居三位算不錯 所生不是一個娘

十一 生辰五月喜氣臨 二十八日是元辰

过巳 已育父母生身体 一世安然福祿臻

十度 桑蚕枝上黄鳥鳴 上弦月朗又清明

过酉 生辰寅四月十六 薰風吹動子規鳴

五度 大運巳丑福祿堅 猶如明月上中天

过丑 職位升迁官祿显 人々爭羨看窮酸

六度　父命是蛇桂中藏　註定屬馬老萱堂
过巳　文星过巳缠双女　凡擺竹稍老松黄
十三　凤友鸳交两夗央　妻宫是狗百年强
过酉　丹桂庭前结六子　壮丹花下玉簪双
二度　甲日甲戌是显名　凤舞鸳秀上九重
过丑　合主荣花双全美　氣吐虹霓逞英雄
十度　乙巳点灯火主光　命限逢申寿不良
过巳　七十六岁南柯梦夢　悠〻自去赴黄梁
十二　牛星入文遇西鄉　姐妹四人各逞强
过酉　要向次序居何位　二姐一妹你三行

武

十四 萱堂年交二十三 天然生你在人间

过戌 吏妻年少初结子 竖立庭前與家缘

七度 武星次息入命宫 手足排连足九名

过寅 君居三位先天注 却是父同母不同

十二 季夏发天正薰风 莺啼乔林听蝉鸣

过午 生辰六月初三日 堂上双親喜氣荣

十一 闰四月中孟夏期 命元生辰二十二

过戌 葵花似火萎蜩叫 桑蚕枝上黄鸟啼

六度 運交庚寅福禄星 职位高升又转升

过寅 上下和顺身安稳 犹如红日照东升

七度　日出东方又转西　武曲过戌七度迟
过午　坐上双亲同是馬　一世安然福禄齐
十三　註定妻宫是属龍　须防此相剋子宫
过戌　若知君命不绝后　庶室產的一子成
三度　甲日癸酉时风流　文学渊源过轩欧
过寅　寒窗受尽十年苦　蟾宫折桂步瀛洲
十一　丙午天河水命生　七十二岁禄不增
过午　馬年必定衣禄尽　一枕黄梁命归阴
十四　武曲入戌阴顺行　两对嫦娥下月宫
过戌　姐妹五人你居三　五星缠度算的清

陰

十五 從来造化両由天 人生子息非偶然

过亥 母年方交二十四 生你風景永百年

八度 兄弟宫中占实強 雁行排来是五双

过卯 君居三位早算定 雖然同父不同娘

十三 季夏交天寒蟬鳴 暑去秋来盼金風

过未 生辰六月初八日 胎元落地子母亭

十二 紫荊茂盛百花红 桑頭枝上黄鳥鳴

过亥 閏四月生二十六 堂上双親常笑容

七度 大運轉交辛卯向 雨后花開色更鮮

过卯 財位升迁福祿寿 定是恩光到门前

八度 阴星纏牛势成双 父羊母馬定高强
过未 过来八度细推算 延年益寿福禄昌
十三 妻宫属狗配姻缘 难为子息不周全
过亥 若要丹桂枝叶茂 必産庶室向安然
四度 甲日生人显贵名 时逢壬申吐長虹
过卯 胸藏豪氣三千丈 封章拜捷上九重
十二 丁未年来寿数高 天河水命逢巳飘
过未 九九数尽又空限 一梦黄粱上九霄
十四 阴星过亥仔细详 燕子缘之过画梁
过亥 推算粧台知多少 姐妹六人你三行

陽

一度　子时一刻定刑冲　父木母火母先终

过子　妻主剋離金水太　子息火土水命成

九度　雁行排来成了羣　兄弟十一定的真

过辰　君是行三先天註　生身不是一母親

十四　鴻鵠枝上早蟬鳴　六月十三你降生

过申　命宮榮華先天定　丹桂蓁蓁显门庭

九度　翠柏蒼松耐歲寒　雪裡梅花色正鮮

过子　閏十一月生初五　海门祥瑞朔風天

八度　大運時流壬申宮　萬里無雲正月明

过子　光輝普照人人羨　職位升遷福祿增

九度　牛星过陽宫遲留　母命是馬父是猴

过申　过申九度传光显　安享福禄百年秋

三度　千里配合结姻缘　僕男僕女两相欢

过子　月老註定兒央对　时逢正左三刻间

五度　甲日生人主鄉園　辛未时逢占高魁

过辰　寒窗志遂人争羡　果然平地一声雷

十三　戊申火宅土命佳　數尽壽先七十八

过申　逢年过丑作大梦　可惜一命染黄沙

四度　命宫流年主不祥　十一臘月心頭霜

过子　破財口舌家不旺　交到春节大吉昌

巨

二度 丑時一刻仔細詳 父母火土母先亡
过丑 妻宮水土不尅損 子息金水火命強
十度 空中鴻雁过蕭湘 兄弟四人你四行
过巳 雖然手足同一脉 原來同父不同娘
十五 夏季炎上似火蒸 黃梁枝上不停声
过酉 生辰六月十八日 灵胎落地合五行
九度 流年命宮主不安 九月十月損財源
过巳 若非口舌疾病至 憂悶除消仲冬间
九度 大運交臨癸巳宮 福氣滔滔意更忠
过巳 真民父母人罕見 勅賜恩光职位升

十度　牛遇酉宮十度奇　父命原來是屬雞
过酉　母命是馬天然定　花開梅綻兩相宜

四度　生逢四刻定姻緣　鴛鴦池塘戲青蓮
过丑　千里配合姻緣美　僕女一定配僕男

六度　甲日庚午時辰高　可喜脚步青雲霄
过巳　一舉名登龍虎榜　改換門庭是英豪

十四　己酉火宅土命長　限行度數不見強
过酉　七十九岁光阴尽　沈醉东风梦黄粱

十度　寒鴉棲樹枝凋殘　梅花初綻色更鮮
过丑　生辰正寅十一月　初十你身降人間

三度 先天註定二目暮 一生好同在夢中
过戌 終身不見天合日 只因前世積又積
三度 流年三月不吉祥 口舌是非惹几場
过辰 若無禍患生疾病 交了四月始安康
十度 五星推算遇文昌 十年辛苦在寒窗
过卯 金年土旺芳名显 早入泮宫第一場
八度 先天註定此身榮 胸藏錦綉凤飛騰
过辰 金水方折三秋桂 火土年來蛟化龍
一度 此命生肥搏乱星 搏乱夫歸最無情
过子 此星若还不斩送 夫歸將來尽一傾

女土蝠

氐三度
丑
十一度
己
十二度
酉
六度
丑
十度
己

三度過丑刻數真 父母宮中惡曜臨
必主橫死多差錯 四星纏度不虛云
空中嘹嚦雁南回 兄弟十人作二魁
身生一父不同母 帶破一二共庭闈
暑氣薰蒸炎陽天 火輪懸掛在簷前
百鳥俱來陰涼臥 六月十九降人間
時上生逢四刻間 會習二宅地理仙
頭頂法冠朝上帝 口中常念南無天
大運乙己福更奇 爵位陞遷振鳳池
寒彈睽月清明美 慈雞抱嬰意琉奇

十一度 炁星纏女顕春光 父是屬鷄母屬羊
酉 過酒十一相敬受 家道和合倍禎祥
五度 女命生逢正戌時 必定身居偏房妻
丑 光陽偏照嫩花蕋 丹桂秋結子初奇
六度 一日生人姓名香 時逢壬午福祿昌
己 將芹折桂登雲漢 光宗榮祖耀門墻
十五度 壬戌大海水命生 鷄犬年間送归空
酉 七十七歲交大限 身化為泥氣化風
四度 凶星入命上流年 隄防三四有交纏
己 定主破財口舌至 五月仲夏喜安然

字四度
寅
十弍度
午
十三度
戌
七度
寅
十一度
午

十七十八不為高　顛倒駝驢過紙橋
幸喜吉生相解救　方免災事也心焦
雁過南樓次序排　兄弟七人一父來
手足雖然御居四　生身不是一母胎
庭前瓊花滿院香　月照青松映畫堂
生辰六月二十四　晚景悠之歲月強
地理陽陰貴人欽　攘星謝土又安神
只因生在五刻內　身披法衣念天尊
大運丙午財耗祿　猶如白玉寶有瑕
恩光臨門推廷至　如酒蟠桃祝壽華

十弍度　女星纏宇最為良　父是屬狗母屬羊
戌　宇宿戌宮十弍度　喜氣洋洋大吉昌

六度　女命正逢酉時生　生在人間納寵榮
寅　老陽火傍配成对 对　爭奈洞房滴淚痕

七度　乙日辛巳時豐隆　丹桂庭前福無窮
午　胸藏錦綉人争羡　萬里業中獨顯名

十一度　癸亥年生大海水　辰巳年間更有虧
戌　寿享七十零七歲　一枕南柯夢不回

五度　流年小運大傾財　正是不遂命檀該
午　若求消災並禍散　春盡三月趁心怀

羅五度　十九二十身主災　事事謀為不趁懷
卯　凶多吉少皆由命　問是問非口舌來
十三度　兄弟五人不成隻　行中一只不一娘
未　同根同土難同業　內有帶破有業昌
十四度　五湖四海永周流　晝夜滔滔不斷頭
亥　生辰六月二十九　暑去寒來又復秋
八度　六刻生人習陽陰　安身謝土把星禳
卯　身披法衣朝三清　頭頂星冠做道場
十弍度　運交丁未爵祿興　蛟龍發奮在潭中
未　職位陞遷声名羨　皓月當中萬里明

十三度
亥
星辰过度最吉祥　女宿丑刻分外光
羅过亥宮十三度　父命屬猪母屬羊

八度
卯
申時佳人恩愛多　蘭房空似芸頭鵝
側室春媛洞房小　月老前世相配合

八度
未
乙日庚辰時最吉　禍福重重世間稀
滿門朱紫人爭羨　画中蘭桂更出奇

四度
子
羅星过子四度中　姐妹行中有三人
次序之中你最小　同氣連枝一蒂生

六度
未
凶星入命名流年　十月十一有灾纏
还要破財口舌至　待交臘月得安然

計五度 養育劬劳是之母緣 安身立命降人間

子 萱堂年交戊十五 生你恩深共昊天

六度 急木行船橋損傷 臨岸勒馬失絕韁

辰 二十一二禍殃到 總是哭声也有妨

十四度 兄弟宮中景色奇 九人不是一母生

申 排行你身居五位 家業長短各不齊

戌度 乘時蘭桂喜芬芳 梅綻花開在蒔香

子 生鬧三月初二日 月鈎斜掛顯清光

九度 七烈生人地理仙 精通陰陽滿郡傳

辰 音樂响喨神仙鬧 超度亡魂上西天

十三度　戊申運臨事事通　靈根不種自然生
申　喜求聖恩恒迁轉　福祿綦綦顯芳名
四度　月光前世配洞房　蟠桃枝上結花香
子　妻宮屬蛇生二子　乘時蘭桂喜芳芳
八度　蒼松相配礼發芽　計都會心送異娃
辰　老陽火候成佳偶　身居側室定不差
九度　乙日己卯時是真　丹桂高枝壓眾人
申　蘭桂芬芳家道喜　堆金積玉富貴門
四度　女宿纏計過子宮　三度行來斷的清
子　姐妹四人居一位　你身最小第四名

金六度
丑
七度
己
十五度
酉
三度
丑
十三度
己

春早蘭花滿園林
、枝丹桂正芬芳
母年生你二十六
晚景榮華福祿新
二十三四悶懨〃
災厄刑傷百事纏
心欲上天〃無路
要相入地無門鑽
兄弟宮中金星纏
手足十人一脈傳
內有破傷你居六
母雖不同共一元
三湯天氣日又長
陽和鼓動草木香
生閏三月初七日
暮景悠〃好風光
精通陰陽志氣玄
識得來龍去水安
身破法衣朝玉帝
口念天尊八刻間

十四度　大運流轉己酉宮　爵祿蓁蓁百福通

酉　職位重重加喜兆　猶如紅日照滿空

五度　一輪明月出雲端　鸞友鳳交結姻緣

丑　妻宮喜配屬猪相　生產二子芳名傳

九度　鴛鴦戲水在蓮池　月老註定不差移

己　休怨生身蒼頭罷　皆因生逢正午時

十度　乙日戊寅時降生　丹桂庭前祿爭鍾

酉　金烏玉兔人爭羨　四海名揚達帝京

五度　金星逢丑喜相生　五度行之入命宮

丑　姐妹五人你居四　各遵四法守三從

木七度 寅
八度 午
十六度 戌
四度 寅
十一度 午

命宮雖定非偶然
毋年万交二十七
二十五六命運低
世事香太皆由命
空中鴻雁望長江
内有名顯你居七
楊柳冉冉杏花天
臨危正逢十二日
生逢時刻命非強
雖祖別迁家業盛

庚星共照在人間
生你恩同罔極天
凡事不利惹是非
破財口舌人又离
兄弟十人有破傷
同父同脉不同娘
生閨三月降人間
父母添喜在堂前
田宅不旺星不良
若守祖業還不祥

十五度　庚戌大運到此間　人財兩旺福漸添
戌　良田不琢為至宝　爵位陞迁現世休
六度　姻緣前定非偶然　妻宮屬蛇三子全
寅　蘭房馨香声名羡　夫婦和合滿即傳
十度　命生巳時姻緣孤　身居側室配老夫
午　夫主平將三萬日　丹桂秋香產鳳雛
十一度　乙日丁丑時上清　才高班馬占金名
戌　金玉滿堂重重富　採芹拆桂步蟾宫
六度　分宮过度定的清　手足宮中好细詳
寅　姐妹六人怀四位　其中高下有不同

水八度　命宫註定更無差　居身必是享荣華

卯　归根落命降人世　母年生你二十八

九度　二十七八凶事纏　疾病臨身福不全

未　无端口舌煩惱事　必定破財在此間

十七度　手足行中有破傷　一所父生不同娘

亥　雁行排来你居十　又貴又壽又榮昌

五度　滿樹桃花等雨開　東風吹定一枝来

卯　丹桂庭前曹結子　生閏三月十七排

十弍度　不守祖業在別鄉　田宅宮中星為殃

未　離祖成家家然穩　暮景豐盈得業昌

十六度 運交辛亥福祿豐 爵位陞廷家業興
亥 金馬玉堂人共語 四海名揚達帝京
七度 鸞鳳交结是前缘 專宫属猪喜安然
卯 命該未前三子位 異日福寿両具全
十一度 辰時生人福星髙 难得结髮共齊眉
未 休怨月老错婚配 命剋側室齊次幃
十弍度 乙日丙子時上香 五福並臻更流芳
亥 屬亥逢全声名義 手扳丹桂步玉堂
七度 五星推算定分明 分宫遇度有高達
卯 四朵鮮花現不盡 復添一朵伱丑層

火九度

辰　母年方交二十九　丹桂花開結子實

十度　二九三十身受驚　口舌破財疾病生

申　浪中行船風又起　紅日東昇被雲濛

三度　丹桂庭前吐異香　蟠桃菓熟正芬芳

子　生辰五月初四日　母子分身見三光

六度　碧桃花開春光美　風吹殘花逐流水

辰　生倒三月戌十戌　海棠開放牡丹催

十三度　田宅宮中惡曜逢　總有田宅外園成

申　不宜守祖命中來　生逢八刻理義同

命宮雖是多差移　君身降時我先知

弍度　女僊以星过子卿　父是屬鼠母屬羊
子　松柏青〻南山老　森〻月影照画堂
八度　姻缘相配鮮芙蓉　妻宮屬蛇四子成
辰　青松丹桂森〻茂　安享福寿衣禄豐
十弍度　生逢卯時非尋常　姻緣配合以呉湘
申　夫主庚相將天命　身边嫩芷産兒郎
六度　壬子桑柘木命人　寿至七十八歲春
子　江边雞唱方回首　山頭頂上自沉吟
八度　火星八辰八度行　推算人间姐妹宮
辰　排行六人作居五　同氣連枝一体生

土十度　女土二宿过已宫　晚景福寿三海同

已　母年生你三十捻　果然灵璋应四熊之

十一度　身主帶破命堅牢　非啞非聾非鍋腰

酉　頭上明珠賽瑪瑙　總然光亮不長毛

四度　荷花開放百日生　柳樹枝頭杜鵑鳴

丑　生辰五月初九日　喜氣長加百福增

七度　百花開放正芳榮　滿堂常聞燕語声

已　生倒三月二十七　牡丹枝上子结成

十四度　不宜守祖家業招　漸漸消磨似風摇

酉　總然盈得園林旺　别迁為福七刻交

三度　坎離變垢乾坤亮　春回宇宙多物強
丑　土星遇丑轉三度　父是屬牛母屬羊
九度　姻緣前定不差移　月老註就配夫妻
巳　妻宮屬豬生四子　丹桂青青更出奇
十三度　此命寅時生見祥　姻緣配合小洞房
酉　群仙和令秋蟬噪　意欲庭前丹桂香
七度　癸未桑柘木命生　壽享七十八歲零
丑　別却凡塵辭人世　一枕南柯夢歸空
十一度　陽順陰逆來世間　手足宮中將細參
巳　姐妹六人居兩母　次序之中你後邊

龍十一度　命宮星躔造化机　祿是过午会善移
午ミ　要向孫身何日降　母年生孫三十一
十弍度　早年薄不為難　平ミ常ミ到中年
戌　衣祿不缺晚年太　会憂会慮喜自然
二度　青松桂栢長成林　根深葉茂翠濃陰
寅　生辰五月十四日　靈胎落地見元辰
八度　倒四月是孟夏來　祿弍生産在人間
午　柘榴花開紅以火　杜鵑枝上叫声喧
十五度　富貴榮華命中招　星度过度不相饒
戌　離祖別廷必興旺　若守祖業定蕭條

四度　女宿過寅最為良　父是虎相母屬羊
寅　一枝丹桂花開早　龍星四度始為强
十度　前世交結鸞鳳婚　一枕鴛鴦共同衾
午　妻宮屬蛇生五子　丹桂青松出現雲
十四度　生逢丑時主不洼　蒼松配合水仙花
戌　夫星年將花早尽　必作偏室叢嫩芽
八度　甲寅年生命最盛　大海水命壽南山
寅　大限乙来八十九　一枕黃梁到九泉
十弍度　龍星刀年来陰陽　姐妹宮中好細詳
午　二位生来不一母　須序之中你一行

紫十五度
未
十三度
亥
六度
卯
九度
未
十六度
亥

命宮註定係生辰
善慶流年福功厚
五星定命理非凡
衣祿不缺亦造化
蟠桃秋香結子成
生辰乙月十九日
夏月插花似火紅
生個四月初七日
棠棣入在兄弟宮
次序之中君居末

慈母三十七歲真
晚景福祿顯家門
註人一生在先天
大富大貴係不能
蟬声高噪柳陰中
芳陰芳陽定五行
海棠花開色艷濃
父母添了子亦成
一排十人母不同
必有帶破在其中

乙度　女星纏子過卯宮　父是屬兔母羊庚

卯　分宮乙度星辰懸　百事俱吉降門庭

十一度　鴛鴦戲水在中秋　妻宮屬猪百年週

未　丹桂庭前生乙子　福氣滔滔水東流

十乙度　子時生人福不强　洞房少陰配老陽

亥　身居側室背白髮　已生子女不叫娘

九度　乙卯大溪水命生　壽似南山不老松

卯　八九之年要一歲　一枕黄粱夢歸空

十一度　榮樹過來好細參　三位嫦娥下廣寒

未　你身居長不同母　仙人算定豈等閒

天十三度
申
六度
子
七度
辰
十度
申
五度
子

安身三命非偶然
一枝丹桂庭前立
先天注定兄弟宫
手足行中你居長
蟠桃枝上桂花香
生辰五月二十四
海棠楷花似火紅
生開四月十弍日
庚子運臨步步高
九天雨露恩光重

母羊生孫二十三
晚景福祿自清閑
雁过長江五令鳴
不是同胞一母生
雨过園林景色涼
雷響一聲震帝邦
梨花朵朵結金鈴
洞房添喜又重明
五度過子化金鰲
職位陞遷樂滔滔

六度 過辰六度好細詳 百年福壽百年強
辰 文星纏女排春景 父是屬龍母屬羊
十弍度 鸞鳳合鳴配成雙 妻宮屬蛇豈尋常
申 滿樹花開結六子 福祿榮華百事昌
弍度 乙日丁亥時正明 前戴天恩祿千鍾
子 之福成臻居獨享 光宗耀祖顯門庭
十度 丙辰沙中土命生 寒鴉叫處壽百終
辰 八十四歲辭人世 一枕南柯赴幽冥
十一度 文曲失陷過申宮 姐妹四人母不同
甲 次序之中保居長 必有帶破在其中

武曲度　桃花開放正逢春　父母錦帳笑欣欣

酉　母年生你三十四　晚景榮華百福臻

乙度　兄弟宮中有榮昌　君居長位共五隻

丑　手足雖是同一脈　也有破傷不同娘

八度　滿園桃李美青紅　梅桂生香味更清

巳　生辰乙月二十九　勤勞罔極恩非輕

十二度　菜花綠莖孟夏時　閏四月生十七日

酉　傍花隨柳春常在　父母恩育甚天育

六度　大運交臨辛丑鄉　名揚墟內顯風光

丑　職位陞前重重至　酉時祿清新永流居

七度　武曲纏女过己宫　父命屬蛇母羊庚

己　優游安樂清閒業　壽北南山四皓翁

十三度　月老註定姻緣薄　兩家赤绳皆繫固

酉　妻宮配合屬猪相　必生六子同娘父

三度　乙日丙戌時上排　决是英毫出類才

丑　食享天禄身榮貴　更有麟見降庭台

十一度　丁未年生沙中土　戌時羊間命有主

己　大限到是七十九　南柯一夢歸陰府

十弍度　武曲过酉度數分　姐妹行中有几人

酉　你身居長不同母　必主帶破不刑侵

陰 十之度 戌

八度 寅

九度 午

十弍度 戌

七度 寅

良辰美景共相成
母年交刑三十五
先天星宿定的真
雖然保身第居二
季夏薰風正癸天
傳家美器多福壽
金烏玉兔走東西
閏四月生 二十弍
壬戌運至主大吉
身閑心忙思慮多

清風明月照文華行
生保門戶掛紅紅
一脈來排行五丁人
不是同胞一母生
生保六月初四日
一生榮太在晚年
平生造化晚年期
預造來來報君知
爵祿榮顯福壽齊
刀筆功名建轉奇

八度　女星过午纏陰方　翠竹梅花傲雪霜
午　分宫过度泉之母　父是屬馬母屬羊
十四度　星宿过度是為斉　妻宫屬蛇子泉祿
戌　男女宫中恩星至　偏房枝上一子寳
四度　乙日乙酉 時上情　聖賢經史蘊胸中
寅　美玉琢磨方成器　晉取平步上九重
十弍度　戌午天上次命生　子丑二字祿不增
午　大限未是八十五　一命辭世夢归空
十弍度　女土蝠纏太陰星　手足宫中算的清
戌　姐妹六人你居長　原来你是一母生

陽十六度
亥
九度
卯
十度
未
十三度
亥
八度
卯

八字能洩造化天
母年生你三十六
雁行推來十弟兄
中間必有帶破伴
鶯轉喬林聽蟬鳴
生辰六月初九日
命定陰陽分凶吉
父母生你必歡樂
大運流轉癸卯臨
玉仙荊山光陰現

命宮註定不虛言
一枝丹桂堂前立
你身居在第二名
不是同胞一母生
丹桂庭前槽花紅
父母堂前添喜容
生閏四月二十七
身閑心忙福祿足
爵位陞遷長精神
至寶無價天下聞

九度　女陽交纏定高強　椿萱互庚相同屬羊
未　先後兩天乾坤對　二親宮中好細詳

十五度　妻宮屬猪遇陽星　女土交纏过亥宮
亥　雖然炎星難存立　偏房重〻二子生

五度　乙日時逢甲申詢　登雲步月丹桂枝
卯　命中祿馬天乙貴　腰金衣紫立朝班

十三度　陽星过未算的清　乙未天上火命生
未　壽享七十零七歲　辭別人世赴陰城

十五度　女土蝠交太陰星　度行十五过亥宮
亥　姐妹七人不同母　你身居長也有榮

巨戌度　八字足命各有宮　父母宮中非廉星

子　心主早亡並橫死　方是先天主的清

十度　鴻雁聲鳴思故鄉　手足六人不同娘

辰　上有二兄下三弟　也有帝破也有榮

十一度　暑氣炎天花開紅　綠楊深處黃鳥鳴

申　生辰六月十四日　畫堂業燕叱喃聲

五度　三刻生人貴可欽　善曉二兒陰宮陽

子　身披法衣理佛事　手執笏板念天尊

九度　大運甲辰趂心懷　財祿享通百福來

辰　恩賜爵祿重廷轄　不慈恣地蓋赫台

十度　巨星过度非尋常　分宮纏女更為強

申　十度行來論順逆　父命屬猴母屬羊

四度　女命生逢亥亥時　身坐邊夷非亥妻

子　配合危陽知天命　夫主羨愛喜側宮

六度　乙日時逢癸未時　必然生貴上青霄

辰　食享天祿身榮貴　攺換門庭姓名標

十四度　庚申根格太命長　龍蛇之年要提防

申　壽至九九年更到　悠悠自在赴黃泉

三度　欲知流年小運通　煞星流轉到命宮

辰　須防八九月不利　災星禍散十月中

巳六度

子

七度

丑

八度

寅

九度

卯

十度

辰

流年耗財命中逢 任營買賣落塲空
任君堆金共積玉 時時消化影無蹤
命犯撈亂最無情 撈亂婚姻不得成
此煞若還不斬祭 夫妻一世不安寧
命犯鳥神病纏身 肚中想飯口沾唇
作事顛列莫神驚 若不斬送命歸陰
生年對日命不良 生月對時命遭殃
冲天煞犯須解破 不解必主少年亡
命犯當星惡耀臨 頭疼惱熱少精神
十字衝前逑斬送 免教人稱短命人

炁

三度　三度逢子論星辰　分宮逢度各有因

子　惡曜對沖妻宮內　定主横死不相親

十二度　薰風送暑盼金風　螳螂抱蟬弄巧能

申　生辰六月十五日　父母堂上喜笑顏

一度　運行甲子事多忒　災殃禍患口舌生

子　上五年來多不利　下半五年百事通

七度　丙日生人甚風流　時逢乙未逢韓歐

辰　氣吐虹霓高千丈　蟾宮折桂步瀛洲

十一度　罡氣交纏度逢囚　反被為殃中宮愁

申　喜行十一陰陽對　父母同庚星屬猴

一

五度　忽入辰宮謹悲傷　五度行至反為殃
辰　父命屬龍先尅父　母命屬鼠守孤孀
十度　運行到辰大吉昌　職位增添價倍雙
辰　勅賜恩光封三代　廣施善政姓名揚
五度　嶺上梅花纔方綻　月殺花殘泪沾襟
子　梧桐凋零落葉早　夫死再嫁又同春
九度　五刻生人貴已足　褒封榮祖世間稀
申　父遊津水名未標　子息奮志虎榜題
二度　命宮流年主不祥　二月三月心上霜
辰　破財口舌又多事　交了四月大吉昌

孛四度　妻宮不祥在命中　各有分宮定吉凶
丑　煞星落在妻宮內　必然橫克另尋盟
十三度　庭前丹桂立一枝　暑氣交天季夏時
酉　生辰六月二十日　父母堂前笑喜喜
二度　運臨乙丑欠亨通　口舌破財疾病生
丑　交到下五丑子位　方保平和得安寧
八度　丙日甲午時最高　命中逢此志英豪
己　蟾宮折桂人爭羨　果然平步上雲霄
十二度　虛星纏孛酉宮遊　父是屬鳩母屬猴
酉　滿園菊綻陶潛賞　右軍觀鵝散悶愁

六度　孛星逼巳止東外　丈是蛇相壽光終

巳　纏盧無度驚恐事　鼠母在重守孤灯

十一度　丁巳大運福並臻　職任外遷又重新

巳　腰懸玉帶身衣襟　花前逢雨木逢春

六度　移花接木丙處妻　月缺花殘夫歸陰

丑　命中姻緣多顛倒　詞酒衣襟痛傷心

十度　六刻生人貴無休　丈子文業逼韓歐

酉　子強父弱人爭羨　蟾宮折桂步瀛洲

三度　流年命中主不安　四月五月損財源

巳　是非口舌生疾病　憂向請除無月間

羅丑度　四十一二如雲騰　事事不遂惹虛驚
寅　雪霜堆向三竿日　桃李花開遇狂風
十四度　暑往寒來起秋風　蟬噪不佳聲声鳴
戌　生辰六月二十五　母子相逢喜氣生
三度　運臨丙寅到此間　破財口舌事纏綿
寅　若到下丑寅字位　平安和順財源滾
九度　丙日時逢癸巳生　猶如紅日照東風
午　蟾宮折桂身榮顯　光宗耀祖換門庭
十三度　羅星纏虛度為求　號為孤星母房猴
戌　十二過度史房犬　進進相守到白頭

七度　羅星逼度以救窮　鼠宿參商不容情

午　父命屬馬父尅去　母命屬鼠享遐齡

十二度　運交戊午顯英豪　廣施善政姓名標

午　職位升廷添喜氣　倉廒豐備有餘苗

七度　耕耘梨花几度春　命內尅夫不由人

寅　死夫共偶已三次　四處堅牢是前因

十二度　七刻生人命不高　父在詳水浪滔滔

戊　子步青雲折桂月　襃封三代運英豪

四度　小限流年太歲纏　六月以月有高運

午　破敗口舌添煩惱　待到九月始平平

計六度
卯
十五度
亥
四度
卯
十度
未
十四度
亥

四十三の吉化去　災殃口舌禍重重
晚日沉西堆見影　行船又遇打頭風
画剑楼台燕語喧　松竹茂盛春又鮮
生食六月三十日　暴風吹動自夠懸
運行丁卯星東方　口舌疾病又禳祥
若交下五卯不往　方保人財兩相安
丙日壬辰時化龍　胸藏豪氣吐長虹
必然奮志青雲上　捧戴宮花顯聲若
計星入亥天门藏　父命屬猪鷄周邪
母命屬猴鷄旋早　故園花開看海棠

八度　計星過未八度纏　父母難得兩周全

未　父命屬羊先辭世　母命屬鼠穩家緣

十三度　大運交轉巳未宮　職任外遷福祿增

未　人才齊世家聲振　松柏長春月正明

八度　八字生尅先天栽　分離骨散命中該

卯　夫宮已經尅四處　出處新人到老來

十二度　八刻生人更非常　父黌下入上宮姓名揚

亥　子板月桂人爭仰　腰金衣紫伴君王

五度　流年月令定有哀　八月九月主生災

未　是非煩惱口舌多　待交十月保太來

金六度

子　子息遲早非偶然　命宮喜事定先天

七度　母年正變三十八　生你恩深似海瀾

辰　流限四十五六驚　災殃口舌主悲聲

五度　凡事不吉多阻滯　傷財惹事事難成

辰　運交戊辰多口虧　求財惹氣利惹是非

一度　口舌疾病心不遂　下半年來方免低

子　二刻姻緣配定的　弄來不差半分毫

土度　夫妻庚相同屬鼠　母推庭前產一苗

申　丙日辛卯時最良　居家不是田舍郎

腰金衣紫身榮貴　管取聲名達帝邦

九度 金入申宮是本鄉 九度遇申有刑傷

申 父命屬猴先歸土 母命屬鼠受恓惶

三度 緣攜丹丹與松齊 百花色嬌自芬菲

子 子規枝上風吹動 生到三月和二期

十四度 運交庚申最為良 此運逢之大吉昌

申 聲名遠播戰任轉 更有喜事耀門牆

九度 凡度姻緣凡度新 泪洒衣襟痛殺人

辰 剋過夫主己四處 命宮三夫過百春

五度 金星在子遇鼠星 粧台之中受一生

子 姐妹八人你居長 不是同胞一母生

木七度　多宮遇度理最佳　安身立命定不差
丑　丹桂庭前生身倖　母年変丑三十八
八度　流年四十必八依　灾殃口舌財必苑
巳　幸得吉星相救助　易福成祥免灾绝
六度　運臨巳已事未明　口舌疾病身不寧
巳　下五己字平安處　也不憂愁也不驚
二度　二刻生人定得諸　夫妻同是馬年生
丑　一枕夢央同歡会　黃菊開根桂花紅
十二度　丙日時逢庚寅生　紅鸞天喜入命宮
申　定是蟾宮折桂客　衣紫腰金祿萬鍾

十度　木星過酉握刑兵　纏鼠十度有刑沖

酉　更命屬鳩先對去　鼠母辛勤振家風

四度　二春天氣日未長　陽和鼓動草木香

丑　寅三月生初八日　暮景悠悠好風光

十五度　大運辛酉最吉祥　丹桂逢秋味更香

酉　職任外述恩光重　萬里諸侯達帝邦

十度　八字生來命中孤　一世姻緣剋六夫

巳　七家方是保婚配　白髮相守福禱屋

六度　木過鼠星定而強　六度丑過定移栖

丑　姐妹兩人保居上　原來同父不同娘

水八度　蘭桂芬芳子孫成　丹桂庭前產人龍
寅　母占正度三十九　門前喜掛一株紅
九度　四九五十最不通　破敗口舌疾病生
午　古蹟不磨壓士蔽　歎弓難射正鵠中
七度　大運庚申事未亨　雲遮日月不光明
午
三度　居求人必物不損　下五年未午字逢
三度　三刻註定姻緣情　夫妻房星是同庚
寅　赤繩原是月老繫　瞬日紅蓮並頭生
十三度　丙日生人格局清　將逢己丑福無窮
戌　大富大貴人欽敬　果然飛騰上九重

十一度　水宿入宿星大門　纏虛又遇少重陰

戌　父親剋夠先尅去　鼠母后當守孤燈

七度　桃李開花桑正稀　燕語鶯鵲雲霞啼

寅　閏三月生十三日　楊柳花成共長堤

十六度　壬戌運臨福又來　聲名彰顯棟樑才

戌　職位陞遷重重全　望喜貪圖趁心懷

十一度　一對鴛鴦正和鳴　忽然驚散各西東

午　心搖楫舟共蕩操　獨守寒衾伴孤燈

七度　水近寅宮分五行　姐妹宮中仔細詳

寅　糕香之人似居士　原來不是一母生

火九度　人生八字造化天　命宮註定不虛言

卯　毋年方交四十歲　生你堂前添芙蓉

十度　五十一二財不安　破財口舌官事連

未　凡塲災殃喜解救　人口不安免熬煎

八度　辛未大運不越懷　恩反成仇口舌來

未　下之年未交未字　福星高照方免災

四度　火星遇卯坐正東　夫宮遇度三刻生

卯　夫妻必然同歸焉　死夫華翅舞春風

十四度　丙日時逢戊子生　蟾宮折桂受恩榮

亥　乘龍飛騰青雲路　一聲雷鳴天下聞

十二度　火星遇亥子刑傷　遇度十二痛悲傷
亥　父命屬猪先討去　單母堂前受熬煎
六度　春風擺柳綻萌芽　竹梢影裡見春花
卯　已有父母恩先重　閏三月生是十八
十六度　大運癸亥氣象新　爵祿升遷百福臻
亥　受民以子人争羨　桂梢春松正逢春
十二度　先下註辛命宮強　琴瑟乖張夫早亡
未　一心持守聲名美　烈女貞節傲冰霜
八度　分宮遇度程最明　手足宮中兄几層
卯　姐妹四人兄先後　排行你居第二名

土

十度

辰

十一度

申

四度

子

九度

申

三度

子

男女宮中定不虛　命中該定子信实

蟠桃星瑞結一果　母年方交四十一

五十三四化事堆　思量煩惱在心间

頻逢驚恐紛紛至　灾殃禍患財不安

月鈎斜掛在雲端　翠竹青松百花鮮

生辰五月端五日　胎離母胎降人間

運行壬申至生灾　也處憂疑必損財

七五年來多不順　下五申子趣心懷

土星過子身朝北　三過行之還該回

父命屬鼠居乾位　母年屬猴曉更輝

七度　蠢李花開果朵紅　春拋綠葉更茂菓

辰　生刻三月二十二　百草芬芳自太平

六度　生逢八刻結婚姻　配合不差來家豪

辰　夫妻庚好同歡樂　恩情和美百年春

十三度　八字註定作夫人　榮華富貴在其身

申　棒打死夫折兩處　半路守節在孤門

一度　三刻生人最超群　父子進謀黌門中

子　奮志欲折三秋桂　奈何星下不生雲

九度　土星交纏論命詳　姐妹生人不同娘

辰　次序之中你居長　弟兄一二不排行

龍　土度　晁星入命化為奇　蟠桃枝上子結實
己　母年生旅の十二　堪作庭前丹桂枝
十二度　五十五六見婁驚　破財疾病人不寧
酉　蛟龍土引遭塗炭　猛虎離山被犬冲
五度　時当冲夏暑亡逢　百草芳菲花又紅
丑　生辰五月初十日　晚景福祿更豐盈
土度　運生癸酉事如何　定主破財長事多
酉　身邊疾病時時見　下五年喝太平歌
四度　鬆星纏躔虛丑宮遊　父命屬牛母屬猴
丑　椿擅堂上安然樂　萱萱百壽到白頭

八度　春風擺動始萌芽　紫竹林中蘆生簇

巳　巳育兒母思探家　生剋三月二十八

六度　生逢之刻言姻緣　死夾交頸池塘眠

巳　夫妻庚相同屬馬　朝夕同來画堂前

十四度　前言姻緣配成雙　忽然驚散兩死夾

酉　鸞鳳半途身孤苦　堅心守節敵至光

二度　之刻生人最為良　父子同標以倫重

丑　日老三秋占虎榜　鐵硯磨穿姓名揚

十度　龍入巳蛇化為龍　推尋極古理最明

巳　姐妹二人保居下　原來不是一母生

紫十二度

父年乙亥四十三　生你逢世自然天

午

一枝丹桂花發香　終身風光兩差全

十三度

一生命內不能富　早年淺薄晚年祿

戌

官爵前程命有分　年年常常遇勝方

六度

仲夏父天四十歲　月到圓時乙亥時

寅

生逢五月十五日　石榴半子半花紅

十一度

運交甲戌事不祥　定主禍臨在身邊

戌

損財憂悶傷人口　下五戌運保安康

五度

紫微戌纏格中求　母命庚相星屬猴

寅

五度遇寅父屬虎　青山隱隱水東流

九度　綵花彩結子規啼　芍藥敵海棠春開

午　閏四月生於三日　洞房花吐了結實

七度　嬌蕊枝上堪花出　共枕同衾兩死共

午　夫妻原根同屬鼠　同生五刻兼畫晝

十五度　命宮孤苦索若何　死失失偶在碧波

戌　夫妻難遂齊眉案　郎君必失夢南柯

三度　五刻生人支業深　父子入泮在黌門

寅　青燈黃卷堅心志　望振月桂被雲陰

十一度　紫微過午言世間　五行逢化我先占

午　姐妹七人係居之　同父各母緊相連

文

十三度　風吹梅花色更鮮　結成子實耐歲寒

未　母年生孫の十の　喜產嬰兒在晚年

十五度　命定一生不大全　衣祿不缺享自然

亥　功命都是論歲月　白心勞月空手還

七度　將爲仲夏暑氣進　君子貴爵弄喜紅

卯　生辰九月二十日　黃鳥傳梅起薰風

十二度　乙亥大運不安康　破財口舌病疾當

亥　交臨下乙亥宮好　方保平安滿吉祥

六度　虛日交纏文曲星　父是屬兔母猴生

卯　柳陰濃濃雨細細　遙卯六度震雷霆

十度　夏紫融和日更長　花開結實顯青黃
末　閏の月生初八日　滿園春李正芳菲
九度　之刻生人配姻緣　月老前非偶然前
末　夫妻原相同屬馬　暮景豐盈自清閑
十一度　狂風吹散牝犬群　比翼鳥被猛浪分
末　命中註定夫剋早　獨守孤灯淚滿襟
十四度　六刻生人文業精　父子名列在黌門
初　正志月中板丹桂　怎奈手足不生分
十二度　星宿穿宮系五行　根源造就富一生
末　極合八人保居二　原來父同母不同

武

十四度 人言寒梅結子晚 我道雜花結子堅
申 母年飛交四十五 喜得麟兒降人間
八度 芍藥結蕊春夏天 堂上双親喜洋洋
辰 生辰五月廿五日 長胎圓滿降人間
三度 丙日乙亥時飛金 富貴功名不可言
子 登雲步月身榮貴 垂紳執笏立朝班
十三度 武曲星居申宮遇 手星宮中喜的闊
申 姐妹三人孫居小 原來不是一母生
七度 武曲遇辰火屬龍 纏宿七度母猴庚
辰 陰陽二星居左右 月逢十度更光明

十三

一度　武纏歷宿貴玉珍　遇子一度細推尋
子　受命原巢先尅去　母命同於守孤竹
十一度　柳陰深處燕鶯鳴　夏月芙[illegible]星薰風
申　刻の月生十三日　杜鵑枝上曉声鳴
六度　壬子運臨祖重乙　前經刑累標芙蓉
子　恩光臨門職迁轉　身剩心忙逐風城
九度　六刻生人言姻緣　琴瑟調和永百年
申　夫妻庚相同原巢　蛇夾戲水刺青蓮
七度　七刻生人吐珠璣　八入黌門子泮池
辰　光宗耀祖人欽慕　果然文齊福又齊

陰

十五度　寒梅耐霜色更鮮　芳菲結實子更堅

酉　母年生你の十六　一數明珠攬在年

九度　枝瑰開紅花之鮮　綠柳深處金蟬鳴

巳　生辰五月三十日　父母重前長芙蓉

の度　丙日戌時生父　獨步蟾宮折桂魚

丑　躍過禹門三級浪　果然平地上青雲

十の度　太陰入閨喜氣濃　推尋人間姊妹宮

酉　姐妹の人你三個　原來不是一母親

八度　太陰纏處入巽宮　八度過已斷的陽

巳　若問人間親庚相　笑命家嗟母撫生

二度　太陰度纏二度詳　奴貌難得兩風丈

丑　父命屬牛先歸土　鼠母前妻壽延長

十二度　薰風吹動平夏天　燕語鶯歌子規還

酉　閏四月生十八日　父母重前嚴笑顏

七度　運至癸丑非等閒　調祿臻了職位進

丑　羨民野子莫父母　善政後名萬里傳

十一度　分宮通度六刻生　夫婦屬馬是同庚

酉　月老註定姻緣譜　鸞鳳和鳴百年榮

六度　八刻生來夢紅鸞　父子諫宮封受賞

巳　文章貫通英才士　欽差天台望月難

備

十六度 莫恐男女不起情 豈期枯木遇春風

戌 母年生於四十八 晚景又喜振家声

十度 財逢炎陽季夏天 薰風送暑益連連

午 生辰六月初五日 更喜天乙入命宮

七度 丙日丁酉時最精 彩旗飄飄映日紅

寅 蟾宮折桂身榮顯 花戴君恩貴重重

十五度 太陽遇戌步步旺 手足宮中女命豐

戌 姐妹三人於三位 不是同胞一母生

九度 太陽纏處九度躔 分宮遇度母壽難

午 父命庚極必壽遐 祖祿滔滔永安休

三度　太陽纏虛過寅宮　災命房虎命災終

寅　三度過寅多災滔　鼠母室房守孤竹

十三度　庭前榴花滿華鮮　到的月生半夏天

戌　二十三日身逢世　榮顯奴了入重重

八度　運行甲寅主榮昌　戰經陛廷姓名揚

寅　家門康太沐顯羅　庫滿金銀粟滿倉

十二度　七剋生人姻緣良　燕語鶯歌敲风凰

戌　夫妻庚和同房鼠　一对死失水底眠

七度　三剋生人文業賤　災子入泮在黌门

午　手扳丹桂登雲路　一声東轉雷万里鳴

巳　十五度　寒梅三冬枝蕊榮　花開結子攢年歲

亥　母年生你四十八　天賜麟兒利家庭

十二度　欲問生成在何宮　六月初十甚相逢

未　前生註定今生分　父母重前笑盈盈

六度　丙日丙申時貴格　時逢必是青雲客

卯　前載君恩身榮貴　更喜蜀桂逢前格

十六度　星辰過度不容情　出星八字宮的時

亥　姐妹六人你三位　原來父同母不同

十度　虛星十度入末方　星祥必定笑顏年

未　母命屬猴春夫好　福壽綿綿壽延長

の度　虛宿逢卯定作忌　先丈必先赴幽冥

卯　鼠母堂前守真節　孤身獨自痛傷懷

十の度　花柳識行半萎天　姑二紫燕垂樑間

亥　翁の月生二十八　晚景福壽自然安

九度　運交乙卯福祿發　職任升遷爵更加

卯　和合順利又收穩　好似錦上又添花

十の度　七刻生人姻緣奇　死光更顯戲蓮池

亥　夫妻庚同屬鼠庚　月老註定不差移

八度　の刻生人近學堂　文遊泮水子名揚

未　腰垂衣紫身榮貴　蔭封三代換門墻

巳十度　巳行交纏歷日鼠　轆轤撓水不求雨

子　園中菜蔬多茂盛　要問老圃就是你

九度　你命生來是經紀　牛騾驢馬口熟識

丑　買賣都稱你公平　先納課程后肥己

八度　命中生定驛馬星　奔走南北與西北

寅　百般貨物任你推　全憑小車過一生

七度　此刻生人武藝精　拳棒刀鎗選英雄

卯　任憑千家人來看　搭了架子不放鬆

六度　扇梳想子多靈遊　婦女稱你好梳頭

辰　鏡子胭脂並水粉　帶些花線剪刀求

危月雁卷拾四部

炁

十四八 命在辰内异味香 華蓋[榮華]在世有恩光

過夫 君居雁行香有美 封章臨門滿族昌

五度 炁星纏危見刑傷 過卯五度折兆央

过卯 又命屬兔先克去 母親屬牛泪汪汪

十二 一枝紅杏遇春風 有花無果枝頓空

過未 堂前燕子聲鳴動 命宮二女却送終

十五 青禾野果半夏時 平地节勁西松乔

過夫 閏四月 二十九生 桑椹青紅黃鳥啼

十度 運行卯宮不吉祥 丹桂花開遇秋霜

过卯 收星隱隱終難显 祿馬沉沉不見光

十一過未　恐星過末度數分　又命屬羊產天倫

十三過未　生辰七刻姻緣奇　赤繩繫足永不改

過未　夫婦俱是屬羊相　月老前定福果齊

七度過卯　丁日戊申時上行　步定金階玉路中

過卯　精靈獨表身穿是　更有蘭芽出君同

九度過未　八字註定四刻生　又受恩襲祖上功

　　　　子發金榜魁天下　世人罕見重褒封

四度過辰　流年月令不順情　二六十月生憂驚

　　　　若無煩惱哭病至　也防破財口舌生

孛四度 六十一二流年凶 逢此破財不安寧

過子 百般不遂百般禍 一番疾病一番驚

六度 孛星纏犯入辰相 何宮過度遇乖張

過辰 又相屬龍克去早 母親屬牛守孤霜

十三 命宮清光花枝連 風擺竹稍筍不鮮

過申 蟠桃樹上不結果 芙蓉三株送歸山

二度 運行丙子事多凶 災央口舌禍患生

過子 上五年來不遂意 下五年間保安寧

十三 運行流將到辰鄉 仕路逢此不吉昌

過辰 既住停止不加祿 且自斂迹暫韜光

十二過申　孛星纏危自春風　父命正是猴年生
母親屬鷄身安靜　更比梅梢月上明

六度過子　月老配定千里緣　妻宮屬鼠傷子生
三刑六害照身命　百年送老少兒郎

八度過辰　丁日時逢丁未生　窗下奮志奪魁名
躍過龍門三汲浪　平地發雷响一聲

十度過申　五刻生人身保榮　又食天祿汗馬功
子登金榜瓊林宴　门庭重重受褒封

十七過氐　危星纏孛過氐宮　手足宮中女命豐
姊妹一連有七位　你身居六母不同

羅

五度　六十三四亡喪年　凡番作事不安然

過丑　破財口舌身不穩　輾轉處處事連連

七度　羅星双女危星纏　異道破劫兄私偏

過巳　又属小龍光陰短　母親屬牛守孤單

十四　花開莫怨不結子　海棠休怪春未逢

過酉　蓁蓁茂盛生四女　送似歸山權當兒

三度　大運交到臨丁丑　破財口舌鬧事有

過丑　交到下五丑子位　事事如意命不扭

十二　運入巳巳不為吉　戝位逢之有岑寂

過巳　花正開時風雨作　月當明處被雲迷

十三　羅星纏危度數移　金烏去兔走西東
過酉　双親庚相前生定　又母原來供属馮
七度　紀央配偶是前生　妻宮属牛克子宮
過丑　可惜蘭芽難存立　老來義子駕車吴
九度　丁日丙午時最高　門〻庭光顯去若瓊瑤
過巳　金榜題名須有日　獨占鰲頭逞英豪
十一　六刻生人福最强　子登金榜姓名揚
過酉　祖〻汗馬功勞大　恩榮代〻鎮邊疆
十九　羅星過亥喜喜最藏　手足宮中定高强
過亥　姊妹七人你未了　原是一父不同娘

計六度　六十五歲疾病纏　破財口舌事留連
過寅　花正開時風雨打　月清明時被雲迷
八度　計星纏庵反為凶　過午八度有憂驚
過未　又相屬馬壽命短　毋親屬牛[illegible][illegible]風
十五　男女宮中桂花香　同房姐妹對紅粧
過戌　門庭嬌客來往　正榮梨花哭斷腸
四度　大運交到戌寅返　破財口舌事纏連
過寅　若臨下五寅子發　平安和順財漸添
十三　交到午位運亨通　此位不堪見支星
過午　動靜謀為皆不利　戰位沉沉祿不增

十四 計星入宿照高樓　又是屬狗月老頭

遍戌 母命屬鳩知天性　四野風霜望瀛洲

八度 命宮八字而生定　五行屬虎是妻宮

遍寅 孤星照命難云子　雖然見產亦未全

十度 丁日乙巳時上旁　少主榮耀祖先光

遍午 蟾宮折桂身榮貴　不是之尊身列朝班

十二 七刻生人甚風流　子登金榜玉堂遊

遍戌 父承祖功威名重　世食天祿億萬秋

十七 手足之宮遇吉星　一排八人姐妹宮

遍亥 五姐二妹你居六　原來父同不母同

金

七度 流年六十七八逢 命宮凶星不容情 破財口舌事留連

過卯 此年必主啾唧事 愛盡艱難 月當明時惹憂驚

九度 金星過未喜生悅 萱堂有壽耐歲寒

過未 又命屬羊先去世 母命屬牛守孤單

十六 男女宮中白色紅 蟠桃枝上果未成

過亥 玉景堂前六丫女 百年墓土送歸空

五度 大運交臨巳午宮 口舌之侵之病大祥禎

過卯 過巳行卯下五運 可保人情兩安亭

十四 大運交持到未宮 富貴功名不遂情

過未 敗位逢迍遭蹇滯 猶如鳴鳳入谷中

十五　金星遇夫朝天宮　又親屬猪是五行

遇夫　纏范十五母媽相　壽似南山不老松

九度　月老配合不由人　妻宮屬兔子難成

遇卯　男女宮中煞星照　堂前拜孝哭兒郎

十一　丁日丙辰時更大貴　刺骨懸樑費心机

遇未　一日名登龍虎榜　果然鳳凰身到池

十三　八刻生人福祿張　子中科甲天下揚

遇夫　祖蔭鎮世声名遠　代代讒衣簪福祿長

五度　流年小運不順情　謹防暗裡有哭星

遇巳　口舌破財添憂悶　二七十一主憂驚

木

七度子時生人祿元盈　兄弟行中有芳名

遇子　衣食天祿恩光重　五福臨門家道興

八度　六九七十必主凶　災殃口舌是非驚

遇辰　暗被禍破財心憂悶　心中謀事多難成

十度　木星反背却為殃　遇星十度有刑傷

遇申　又命屬猴先去世　母親屬牛守恓惶

四度　季春花開日日遲　柳綠枝枝子規啼

遇子　生辰寅三月初四生　只待龍吟虎嘯時

六度　庚辰大運休謀為　求財無利惹是非

遇辰　口舌疾病財又損　平安下五方得免

十五過申　大運交申事留連　風過園林景色殘
同是水火俱不利　忠肝義胆反遭愆

二度過子　三刻配定美姻緣　夫婦屬牛兩俱全
夗央对〻池塘戲　桃李逢春過百年

十度過辰　姻緣配合妻屬龍　此命多產子難成
桃李花開風吹落　秋去黃葉盡凋零

十二過申　丁日癸卯時貴迁　明朱無光月正圓
生辰此日扳丹桂　富貴榮華耀祖先

六度過子　五星纏度定分明　手足宮中遇木星
姻妹六人你末了　却是一父母不同

水八度　丑時生人沐恩光　兄弟行中折桂芳

過丑　身位榮恩家業富　柳居松林名亦昌

九度　七十一二名不通　災殃口舌是非生

过巳　蜘蛛網上難展翅　失路迷蹤虎豹冲

十一　水星入酉歸為孤　纏危十一過淩辱

過酉　父命屬雞先尅去　母辛屬牛守勞碌

五度　綠柳冉冉碧天連　九天雨露降人間

過丑　生辰寅三月初九　一枝丹桂立堂前

七度　運交辛巳事未通　口舌破財身不寧

過巳　下五巳字平安吉　也不憂疑也不驚

十六　交轉酉運不順情　戰位到此有憂驚
過酉　色閑色鮮被霜打　日当正午雲霧蒙
三度　二刻姻緣定的真　夫婦同庚属羊人
過丑　此央此意交頭美　家道禎祥福祿臻
十二　月老配定属蛇妻　水星交纏命孤虛
過巳　產生多見悲啼至　刑尅子息定無疑
十三　丁日壬寅時最良　定是蟾宮折桂郎
過酉　衣祿食祿身榮显　名標金榜列朝堂
七度　水星纏危過寅宮　八度行来推的清
過丑　姐妹八人不同母　次序子中你三名

火九度　寅時之中福祿強　雁行折桂滿門香
過寅　龍吟九重同一脈　恩澤綿綿有餘光
十度　七十四五事多差　疾病口舌亂如麻
過午　風裡占灯難行路　殘花又遇暴風刮
十二　火星入戌喜收藏　夫限纏危仔細詳
過戌　父命屬狗早去世　母辛屬牛守孤床
七度　梨花開放粉糚成　桃杏花開色更濃
過卯　閏三月生十九日　父母堂前添笑容
八度　大運壬午事不明　明月雲迷又享通
過午　若求財安物不損　下五年来福祿增

十七　大運交戌不為吉　芳草逢霜景色稀

過戌　上天交接惹煩惱　戝位到此遭岑寂

四度　桂柏青松景色涼　三刑夫婦同屬羊

過寅　月老配定成姻眷　有福有壽景高强

十二　火星纏危度數行　妻宮屬馬剋子宮

過午　產生多見悲位至　風吹花落枝頭空

十四　丁日辛丑時上清　胸藏福祿錦繡生

過戌　封章捷報合家樂　光宗耀祖顯門庭

八度　分宮過度定的清　星宿交纏豈差强門

過寅　姐妹四人不同母　你身居在第四層

土

十度　命主夘時多興旺　兄弟行中坐玉堂
過夘　身伴寵荣家業厚　明珠一顆滿门光
十一　七十五六少見喜　災殃口舌不為吉
過未　百般謀為皆不遂　憂愁煩惱皆在此
十三　土星過度号居去(差)　纏危十三細(推)尋
過亥　椿萱属猪先赴去　母亲属牛犯孤辰
六度　桃李花開喜正稀　燕鶯鴻鵠處處啼
過寅　閏三月生十四日　蚕桑葉上喜微微
九度　癸未運臨主損財　恩反成仇口舌來
過未　平安下五轉到未　凡事漸漸称心懷

十八過亥　大運交來不順情　官星隱暗欠光明
過亥　几番坎坷不如意　耐心忍性漸亨通
五度　三刑配合姻緣良　夫妻二人同屬羊
過卯　助夫興業成家計　福祿綦綦壽延長
十三　赤繩繫足兩家足　姻緣配合屬羊妻
過未　雖為子息受刑尅　犹然君家二子達
十五　丁日時逢庚子時生　財祿滾滾一世福增
過亥　蟾宮折桂人争羡　恩光屢屢耀門庭
九度　土星入卯九度祥　手足宮中主高強
過卯　姐妹五人你居四　原來不是一个娘

龍十一

八字辰時富貴鄉 榮華在世有恩光

過辰 君居雁行香又美 封章臨門滿族昌

十二 七十七八定吉凶 災殃口舌事非生

過申 飲食無味心憂悶 猶如風吹一殘燈

五度 妻妾宮中主双婚 恰是桃李正遇春

過子 桂花雨采双双秀 畫堂松柏惹濃陰

八度 雨後殘花在春回 綠柳枝上子規啼

過辰 閏三月生二十四 便將人間更出奇

十度 運行甲申定主災 也主憂愁也損財

過申 上五年中多不遂 下五逢之喜氣來

四度　保安無危又鼎庚　纏危四度母鷄鳴
過子　百年榮華双親樂　壽似南山不老松
六度　四刻配合姻緣成　夫婦同是屬牛生
過辰　秋月水底夗央戲　鸞鳳交結兩和鳴
十四　命定壽宮配屬猴　刑克冲〻子難成
過申　龍星過度不為吉　產多不成旧文流
二度　三刻生人最吉祥　富貴榮華非尋常
過子　又是蟾宮折桂客　命享公子恩榮郎
十度　龍入辰宮見原刑　手足宮中不為榮
過辰　姐妹六人不同母　你身居四定明明

紫十二 雁行見茱入命宮 君身生來富且榮

過巳 桂花一枝種門閭 托显餘光巳上生

十三 七九八十日沉西 口舌疾病身不离

過酉 悶悶昏昏常憂慮 虎離深山被犬欺

六庚 妻妾宮中坐居室 青松翠竹花微微

過丑 蘭房花栽丹桂菊 洞房配合三位妻

九庚 暮景之時喜氣生 更殘漏永月銅明

過巳 倒三月二十六八日 萬物逢春子初戌

十一 運交乙酉推若何 定主破財口舌生

過酉 身中之疾之病時常有 下五年來保平安

五度　危星纏紫細推尋　母命屬雞又牛辰
過丑　過丑五度星排定　白頭到老百年春
七度　前生造定兩鴛鴦　月老註定陰陽良
過巳　生逢四刻主佳配　一對夫妻同是羊
十五　月老配定妻屬雞　命犯孤星子難成
過酉　產多猶如霜見日　不過三五主悲泣
三度　四刻生人主清吉　刺骨懸梁用心机
過丑　又折桂下丹上魁天下　子立泮宮更出奇
十一　微下紫上入巳吉非常　遇危不吉必禎祥
過巳　姐妹七人你居四　原來又同母不同

文

十二 棠棣之中降貴星 蟾宮折桂顯門庭

過午 君生午時棠華貴 財祿豐盈沐寵榮

十四 八十一二身多亡 病（下上）庚如同風裡灯

過戌 無故口舌並煩惱 怨氣沖天眼淚傾

七度 妻妾宮中格局强 洞房重結鳳兒央

過寅 前後左右文君趣 四妻奉君在卧房

十度 梅花開放景色嬌 青松深處容貌高

過午 春過当时閏四月 初四堂前産异苗

十二 丙戌大運不吉祥 口舌閑氣招几場

過戌 損財口舌傷人口 下五戌子保安康

六度　文星升垣合有情　父似屬虎在寅宮

過寅　營壘屬鴉知天命　壽似南山不老松

八度　先天註定總無差　夫婦屬牛配的佳

過午　比目魚遊戲春水　如鼓琴瑟似蓮花

十六　妻宮屬狗配姻緣　命有孤煞孤星纏

過戌　生子如同風中燭　枯木發枝子不全

四度　五刻生人最豐亨　財祿俱旺入泮宮

過戌　父食天祿折丹桂　萬里青雲足下生

十二　文星過度纏危星　手足宮中定的清

過午　姐妹八人不同母　次序之中係四名

武十四

命宮註定未時生　雁行之中々富貴局

過未　明珠一顆當門照　命旅沐恩耀門庭

十五　八十三四命不通　身不安然災禍生

過亥　行走坐卧多憂悶　疾病如同鬼弄灯

八度　若問宮中妻妾因　恰是桃花正逢春

過卯　蘭房五朵双々秀　妃史配合共同衾

十一　棠棣花開正芬芳　喜鵲穿枝語声揚

過未　閏四月生初九日　一輪明月照東窗

十三　運行丁亥主刑傷　破財口舌疾病防

過亥　交到下五亥字發　方保平安見吉祥

七度　武曲過度事為大吉　又是屬兎母為鷄
過卯　纏危七度光照耀　双親堂上與松齊
九度　赤繩繫足兩相連　妻宮屬羊結姻緣
過未　比翼鳥配兒夾對　生逢五刻百年歡
十七　武曲交纏逢孤星　妻宮屬豬子受刑
過亥　風吹樹枝擺枝葉　個個傷殘棲枝空
五度　六刻生人遇吉星　春雷一声天下驚
過卯酉　又折丹桂登雲路　命入泮宮享恩榮前
十三　穿宮過度出尋常　手足宮中有兩張
過未　姐妹五人你居末　却是一又不同娘

陰

十五．申时生人近貴卿　　一雁行之中折桂郎

遇申　命享天恩家業旺　　父主榮耀星恩光

二度　陰星遇子去朝斗　　雙亲难得共白首

遇子　父命屬鼠先魁去　　母牛孤单空自久

九度　洞房花烛喜称心　　共枕同衾二婦人

遇辰　万事叢中争艷色　　蝴蝶独自舞花心

十二　青枝野景正夏天　　子規枝上鬧聲喧

遇申　閏四月生十四日　　暮景福壽永綿綿

七度　運行子位不享通　　宫星隱暗不分明

遇子　戕位常遭顛險當　　犹如明月被雲蒙

八度　陰星过辰金受宜　喜纏宿危相生時
過辰　父龍母鳳皆前定　雙棄辛堂上福壽斉
十度　六刻死哭配对遊　夫婦庚相同屬牛
過申　桃夭之會逢夫月　合和相配到白須
四度　丁日辛亥時逢遇　命主二康泰崢嶸大差
過子　月中丹桂任君折　万里青雲足下生
二八度　七刻生人福禄涛　褒封三代換门庭
過辰　父奪魁元聞天下　命主恩榮泮水生
十四　太陽過申帝危纏　穿宮過度空世間
過申　姐妹六人你居五　却是同父不同娘

陽

十六　生逢酉時命中強　崑玉蟾宮折桂香

過酉　恩光臨戶合族耀　均占餘光名更香

三度　三度過丑必然凶　父母同相前后絡 終

過丑　椿庭屬牛先去父　母辛房中伴孤灯

十度　妻妾宮中該七房　房內婆娘排成行

過巳　滿園花發觀不盡　晚景又喜會麟郎

十三　薰風蕩蕩清涼景　寅四月生半夏天

過酉　生辰原是十九日　桑椹蓁蓁黃鳥鳴

八度　運臨丑位不順情　戕位逢此有憂驚

過丑　可惜嫩花遭此雨　恰是孤舟遇狂風

九度　陽照双女過巳房　又是屬蛇壽延長
過巳　纏危九度母屬雞　寒松初綻有餘香
十一　六刻配合姻緣良　夫妻庚相同屬羊
過酉　月老千里結成對　鸞鳳和鳴壽延長
五度　丁日庚戌時上清　天月相和科甲星
過丑　受尽十年寒窗苦　跳過龍門上九重
七度　八刻生人合陰陽　又妻燈窗合帝邦
過酉　振振公子騰霄漢　泮池困苦也生光
十五　太陽入酉女光明　度行十五主門清
過酉　姐妹七人你居五　同一父异母不非輕

一巳十七 過戌 四度 過寅 十一度 過午 十四 過戌 九度 過寅

生逢戌時花葉發　雁行序名富豪家
命宮註定享福祿　桂子蘭孫盡通達
巨门纏危兩相生　過寅四度受刑冲
又命屬虎先喪去　母親屬牛守孤灯
男女宮中仔細詳　風擺竹稍葉清香
命中止有一個女　送終之時作兒郎
初夏時逢癸陽天　氣象清和景色鮮
閏四月生二十四　堂前福祿貴子賢
運行流年到寅宮　財從迍延祿不增
凡事不遂難如意　定主煩惱甚憂驚

室火猪

陸一

無

三度　二刻配合姻緣成　夫妻同是虎年生
子　月老配定無差錯　暮景福寿更加增
二度　子時一刻定命宮　父木母火保安寧
子　妻配金木先剋害　子息火土酉月成
九度　女命土爻轉剝成宮　梳台不喜有虛驚
辰　上五年来多不遂　下半五年自亨通
五度　花開莫怨飛花濺　海棠莫怪月出遲
子　卯三月生初五日　年壽春光月待時
七度　壬辰大運不順情　破財惹惱主憂驚
辰　口舌疾病纏綿事　下五辰運百事通

十一度 堂上家君是屬猴 註定光葬在荒坵
申 生產人就呼孫子 寡母屬虎流(潤)先流
十度 女命申時定刑沖 父金母火父先終
申 夫主申命不刑尅 子息火土晚年成
五度 無星过辰巽豬纏 父母难得兩周全
辰坤 母命屬羊先归土 鼠父在堂埋田園
十三度 戌日乙卯時旋过 命宮心定斜甲纏
申 四海揚名人欽羨 腰金衣紫福寿綿
一度 百年相緣 壬寅易 夫主定大一歲強
子坤 妃央交結同欢会 鸞鳳和鳴喜成双

孛

四度　二刻妃央並翅飛　赤繩繫足一處居

丑　夫妻同在猴年降　共枕同衾好佳期

三度　丑時一刻命必高　父母木火保堅牢

丑　妻配金木不刑尅　水火晃郎姓名標

十度　大運交巳星留連　粧台懶对主然奠

巳　口舌疾病財破損　下五年来必事安

六度　桃李花開滿園中　雀噪枝頭鬧春風

丑　閏三月生初十日　父母堂前添喜客

八度　癸巳大運不為吉　出入求財无利息

巳　口舌破財多憂悶　下半五年財漸足

第叁萬十

十二度五日生纏度定命宮　父命屬鷄受刑冲
酉　萱堂屬虎孀居位　孤形寡影壽遐齡
十一度女命酉時主孤孀　夫主宜長火命強
酉　父水母火父先喪　子立水火保安康
六度孛星交纏火豬宿　過已六度不順情
巳　母年屬馬必先喪　鼠父壽似松栢同
廿度戊日甲寅八時生貴　虎嘯就吟福祿会
酉　奎光已透三千丈　扶搖直上人欽畏
二度昔日月老配姻緣　夫比妻宮大〻年
丑　一枕夗央同作仲　鸞鳳和鳴永團圓

羅五度三刻註定姻緣成　夫婦同是虎年生
寅、夗央水面成双对　賢能内助晚年興
四度寅時一刻定命宮　父水母火定不存
四寅度妻宮金水无刑尅　子立水火有三人
士度運行流轉到午宮　口舌重々少芙容
廿午度淩花懶照生愁鄉　下五年交女命通
七度春風擺柳枝葉鮮　子規黄鳥叫声噌宣
寅閏三月生十五日　父母生你到人间
九度申午大運主不祥　破財口舌有乃塲
午若要災消益禍散　下半五年福禄强

十三度五行八字定命宮　星羅入宿必光明
戌　父命屬狗先尅早　寡母屬虎父后終
十二度女命戌時定刑沖　父木母火守孤灯
戌　夫君木命不刑尅　水土火命是児童
七度羅星过午畏薰風　搖身不定有憂驚
午　母命屬蛇先尅去　鼎母内外整门庭
十五度戌日癸丑時成名　必然金光科甲声
戌　家门榮耀双全美　果折丹桂步蟾宮
三度意交風友前世緣　夫主必定大三年
寅　夗央一对成佳偶　共枕同衾永團圓

計

六度　三刻配合好佳期　鸞鳳和鳴並翅飛

卯　夫妻同是屬猴相　家道家康门庭吉

五度　卯時一刻定吉祥　父木母火父命長

卯　妻若不剋金土命　子息火土命為強

十二度　大運交轉未宮中　粧台不喜泪々盈

未　上五年來不順利　下半五年自亨通

八度　計星过卯八度中　棠棣花门粉粧成

卯　閏三月生二十日　父母堂前添一十

十度　乙未運臨灾星纏　口舌損財是流年

未　若要風平浪靜處　除非交轉六五年

十九度 若问堂上君双親　父命属猪在孤墳

亥 寡母属虎劳心守　計都入亥朝天门

十三度 女命亥時定吉祥　夫君木命不刑傷

亥 父金母火母先去　子非火土不能傳

八度 計纏室火猪刑傷　八度过未反為殃

未 母命属龍先天去　嗔父堂中泪汪汪

十六度 戊日壬子時最强　名標虎榜占奎元

亥 家门榮貴福禄星　紫袍玉帶在腰间

四度 月老配合結姻緣　夫主必定大四年

卯 蘭房会合恩情重　白頭相守永綿綿

金

五度 金纏室豬过子宮 五度推算合有情

子 父命屬鼠母屬狗 松栢枝上子規鳴

六度 辰時一刻定刑冲 父火母土母先終

辰 妻水不刑火土字 兄弟四人你三名

十三度 大運交轉到申宮 持家立業少亨通

申 糙台不喜多劳愁 下五逢之喜氣生

一度 星宿交纏論命宮 金風送暑秋蟬鳴

子 生辰七月初一日 灵胎落地母子寧

十度 運行丙申主生灾 若无大灾口舌来

申 也從煞蓖心中悶 下五申運可開怀

九度　綠柳冉〻正李春　運轉陽和月轉深
辰　閏三月生二十五　曉景艸木一色新
七度　四刻註定姻緣成　月老配合鸞凤鳴
辰　夫妻庚相同屬康　舟桂庭前笑盈〻
九度　室宿交纏金注星　双親位上不安盗
申　兔毋必定归泉下　鼠父高堂鼓盆声
三度　分三刻生人福禄齊　胸藏孔孟聖賢書
子　方到洋水身貴下榮上　仍享子光世间稀
五度　月老配就好姻緣　双〻夗央在池唐
辰　夫主之年大五歲　定主和合福禄昌

木六度 木星纏室最為良 父命牛年家道昌

丑 过丑六度母屬狗 百花開放滿園香

七度 巳時一刻犯刑沖 父火母土父先終

巳 妻宮刑傷金木美 子立金水方保成

十度 大運流轉到酉宮 持家立業不順情

酉 待交下五添喜氣 自然百事轉亨通

二度 新春明月伴金風 蟬声叫起寒蛩鳴

丑 生辰七月初六日 一世安然福祿豐

十二度 丁酉運中財不停 口舌是非主憂驚

酉 若要平安免凶事 下五年來酉字中

第七音十

十度　清和柳紫乱飛楊　暮春之時草木香

巳　闰三月内三十日　父母生你画堂前

八度　妃央戲水在仲秋　生逢四刻鸞凤儔

巳　夫妻同是屬猴相　福氣滔〻水东流

十度　室宿过度纏水星　母命屬虎寿先終

酉　凥父在堂安然樂　寿比南山不老松

四度　四刻生人主文斉　咱古運有悟太時

剌股　懸　果　貴心　柳

丑　命宫辛丑身游洋　自古運有否太時

六度　人生姻緣月老成　年度大小有不同

巳　夫主註定大六歲　方得和合趣心情

水

七度 水星纏寅失限辰 度行七数火猪臨

寅 父命屬虎母屬狗 乾坤依旧艸木新

八度 午時一刻定命宮 父土母火保安寧

午 更寒水火无刑害 子立金木四五成

十五度 運交戌位定吉凶 糕台不喜疾病生

戌 凌花懶照塵土散 蟬聲不住送秋涼

三度 金風吹動玉簪花 百花未落拼海棠

寅 生在七月十一日 百花未落開海棠

十五度 運行戌戌事若何 吉丈欠順凶事多

戌 待交下五戌字中 实須福散保平和

十度 鸞宿半夏清和景　南星甘草共茯苓
午 閏四月生初五日　知母当归肉荣蓯
九度 五剋註定姻緣成　老天灼々映日紅
午 夫妻庚相同屬虎　暮景堂前丹桂芬
十度 室宿分宮屬水星纏　父母难得兩周全
戌 毋命屬牛先归土　俱父有寿整家缘
五度 十年辛苦在窗前　聖賢経史若鑽研
寅 君剋蓋宮身榮貴　生逢五剋子又政
七度 鸞凤交結配姻緣　几对春光满欄杆
午 若问夫主何庚相　註定比妻大七歲

失八度　火星过卯八度春　交纏宿室可安存

卯　父命屬兔母屬狗　寿似南山四皓人

九度　未時生人刻定清　父水母金定命宫

未　金火妻宫木土子　兄弟二三你居中

十六度　運行亥地身不寧　懶向粧台泪盈々

亥　待交下五方為吉　家门康太瑞氣生

四度　黃葉落地顯青松　中元佳節正相逢

卯　生辰七月十八日　晚景榮華福祿增

十五度　運行巳亥主不吉　皓月當空被雲迷

亥　必定破財口舌事　下半五年百事奇

十二度　薫風吹動榴花紅　黄杏結實似金同

末　閏四月生初十日　灵胎已育母子荣

十度　五刻生人度數清　夫妻偕（俱）庚午人

末　百年姻緣今生会　鸞凤和鳴壽榮貴

表度　室宿纏火不堅牢　十二过度恨未清

交　父母同庚属鼠相　母必先亡父寿高

六度　壬宮过度六刻生之　學貫古今文業成

郊　脩々津水身榮貴　幸喜平安入黌门

八度　月老注定姻緣簿　恩法龍（龍）是今生凑

末　夫主必定大八歲　免得刑傷方堅固

土

九度　土星辰过度數分　交纏室宿甚分明
辰　父相局龍安然業　母命局狗百年春
十度　生逢申时一刻洋　父失母土父命长
申　妻主人離配金命　子立土命喜成行
五度　金風飄々無秋衣　鵲尾交纏月將低
辰　生辰之月廿一日　双親欢喜花羅幃
十度　分宮过度六刻生　夫寅妻虎易同庚
申　月老簿上前生定　暮京兆闕桂枝葉春
九度　五百年前結姻緣　鸞交凤友玉根前
申　夫主注定大几歲　夫昌婦隨永團圓

四度　龍星过丑四度纏　双親位上不周全
丑　父命屬牛先赴去　庶母在堂福寿延
十四度　榴花開放似火紅　黄鸝弄巧枝上鳴
酉　桃李滿对結成果　閏四月中二十生
三度　丑時生人必刑傷　夫主宜专水命强
丑　父失母土母先表　子非金木定难当
六度　戊日壬戌時貴生　寒窗篤志苦用工
丑　果然独歩青雲上　聯鳴頓使世人驚
八度　丞取經史藴胸中　生逢八刻丈業通
巳　身遊泮水人争羨　雪案映窗福禄增

紫十一度　欲知生父屬馬人　母親屬狗記的真

午　紫微相合宮居午　福祿蓁蓁壽延保

十二度　生逢一刻戌時尋　父母火木父先終

酉　妻宮水火子土木　兄弟二三你居中

七度　金風吹動萬物香　堂前丹桂正芬芳

午　生辰八月初一日　父歡母笑意揚揚

十三度　紅葉題詩水逆流　姻緣前定豈強求

戌　夫妻庚相同屬虎　七刻雙雙到白頭

十二度　姻緣前世結絲蘿　月老配定毫不錯

戌　夫主已大十一歲　滿美恩情兩和合

三度　土星纏室分五行　三度过子主尅刑

子　父特（是）屬鼠先尅去　母命屬虎整家風

十三度　珠簾不放鶯飞去　杜鵑枝上雨声喧

申　黄鸝弄巧桑頭叫　閏四月内十五生

二度　女命子時主孤孀　夫主宜（金）命水命強

子　父火母土母先死　子立火土是兒郎

五度　戊日癸亥時貴格　必是青雲折桂客

子　食祿天家身榮貴　更有蘭芽显豪傑

七度　七刻生人月飞圆　圣啟經史苦鑽研

辰　身遊泮水人争羡　仍享子貴永綿綿

龍廿度　戴星过度奚為風　搖身不動喜虛逢

已　若问堂上双親相　母命屬狗父蛇度

十一度　酉時一刻定刑冲　父水母火父先終

酉　妻宮火土不尅害　子立木火方保成

六度　命宮八字度數行　撥雲見日又重明

巳　生辰七月二十六　喜氣迎门百福增

十二度　戴星纏室逞英雄　度行十二过酉宮

酉　夫妻同是屬猴相　永達姻緣六刻生

十度　姻緣相配效凤鸞　夫宮必大十年強

酉　蝶蝴^(下上)並翅空中舞　夫唱婦隨百年昌

六度　文星过卯失星燋　交纏室宿受刑囂
卯　父命屬兔犯刑尅　霧母屬鼠壽年高
七度　紫燕穿簾捉对群　時过清風氣象新
亥　閏四月生三十日　暮京豐盈粟文際
五度　卯時生人定刑冲　夫主宜去木命通
卯　父木母火父先終　子非金木必不成
八度　戊日庚申時乘龍　寒窗十載苦用工
卯　奮志飛折三秋桂　果然春雷振捷声
十度　四刻生人時定真　寒窗奮志苦用心
未　錦鱗困在泮地内　元路飛上九霄雲

武十三度　武星纏宮度數遊　母命屬狗父屬猴

申　乾坤安享遐齡壽　福如東海水長流

十四度　妃夾並翅過南樓　鶯声燕語双〻遊

寅　生逢七刻姻緣配　一枕夫妻同屬猴

九度　時值金風雁南还　八月十一降人间

申　乾坤一段風光好　暑去寒来仲秋天

三度　運交戊子欠亨通　惹是招非求財空

子　待交下五子位上　百般謀望漸稱情

二度　流年小限不順通　破財口舌又虛驚

申　限防正五九月內　合家人口不安寧

五度　升恒有晴震入震宮　纏紫五度起　八分争

寅　庚父已定先辞世　同相母親守孤灯

十五度　葵花初綻黃鸝叫　杜鵑啼血半夏文

戌　閏四月生二十五　堂上双親笑顔添

七四度　寅時生人定吉祥　父母水火保安康

寅　夫若不尅配木命　子立水火是見郎

七度　戊日辛酉時套光　蟾宮折桂步玉堂

寅　奮志三秋尅庚榜　一舉成名姓字香

九度　時逢三刺文業深　刺服懸梁苦用心

午　文章雖不及弄好　白髮只是序明倫

文十二度　文星过未喜洋洋　交纏过室遇豬强
未　父命属羊添寿考　母命属狗百年昌
十三度　亥時生人一刻详　父命土木主命去
亥　妻若不尅金木命　子立水土是兒郎
五度　運行子位不安康　持家立業火猶祥
子　粉面懶対凌花照　待交下五喜氣揚
八度　仲秋黄菊金風飄　花落艸木漸積消
未　生辰八月初六日　雨露穿花母見苗
十二度　百年姻緣主榮昌　一对夗央交頸眠
亥　夫主必大十二歲　鸞交凤友永成欢

八度　陰纏室宿分五行　父命屬蛇赴南宮
巳　孀母屬虎多康太　陰星双女八度中
七度　巳時生人定刑沖　夫配水火保安寧
巳　父失母土父先去　子立木土寅月戌
二度　太陰纏豬過丑宮　二度行中不順情
丑　父命屬鼠持家業　母命屬犬寿先終
十度　戊日戊午時登瀛　三元及第喜貴榮
巳　酉前奮志冲(沖)霄漢　果然平步上九重
十二度　六刻生人格局清　奮志心勤理至強
酉　志欲月中扳丹桂　泮水不流廣寒宮

陽閉十五度 太陽过戌近天门 交纏宿度室数分

戌 父母庚相同屬狗 金玉滿堂百福臻

七度 運轉寅宮不稱情 懶向粧台整芳容

寅 上五年來多不順 下五之年百福生

十度 暑去寒來月轉秋 黃葉飄飄水東流

戌 生辰八月二十一 風吹鴻雁过南樓

五度 運交庚寅要隄防 口舌破財招乃禍

寅 待交下五寅字好 方保安寧降吉祥

四度 流年小運大不祥 合主破財人口亡

戌 隄防三七十一月 犹恐火人惹愁腸

七度　清風明月桂花均　星宿留定遲亡存

辰　父命屬龍必先去　母命屬鼠壽延深

六度　辰時生人定刑冲　父火母土父先終

辰　夫主火命先刑害　子立水土不但驚

一度　武曲纏豬定刑冲　一度行之過子宮

子　父屬鼠庚安然樂　母命屬豬定先終

九度　戊日巳未時最良　富貴功名達帝拜

辰　食祿千鍾福寿远　滿门康泰納禎祥

十一度　時逢五刻定命清　腹內深藏孔孟經

申　方到泮也身榮顯　明倫堂上選英雄

陰十度　陰室交纏过酉宮　父命屬雞喜昌榮

酉　分宮推算毋屬狗　庭前蘭桂花成叢

六度　大運交轉到丑宮　持家立業火亨通

丑　凌花懶照無心緒　待交下五百福生

十度　白露寒蟬声不鳴　紫燕回归秋社逢

酉　生辰八月十六日　中秋佳節月正明

四度　運行已丑欠亨通　惹是招非求財空

丑　要待平安諸事利　交金下五丑字中

三度　小運凶星命中臨　隄防災害事到门

酉　須忌二六十二月　必主哭散似浮雲

九度　太陽纏室过午边　父命屬馬命不堅
午　母命屬狗孤灯守　辛苦勞巧整家緣
八度　女命乙逢午時生　父母失土保安寧
午　夫主不冠火命好　子非水火難保成
三度　太陽过寅三度行　椿萱必定受刑冲
寅　母命屬鴆先魁去　鼠父享寿振家風
十度　生逢七刻文業強（戊日丁巳時貴迁）　命主讀主科甲聯
午　玉堂金馬人共話　宮花帽插拜龍顏
十二度　生逢七刻文業強　縉縉泮水姓名揚
戊　志欲月中扳丹桂　泮水流不到廣寒

巨十五度 巨星纏室入天门 方知屬狗是母親
亥 父命屬猪居乾位 寿似青松不老人
八度 運行卯宮不亨通 疵台定主疾病生
卯 上五年來失大忌 下半五年福祿興
十二度 雨洒青蓮百花稍 水冷元潛雁非吉
亥 生辰八月二十六 月將轉交寿星宇
六度 辛卯運中更生虛 破財口舌惹是非
卯 交轉下五卯字好 自然无事方免低
九度 未時生人細推詳 夫主失命定亡強
未 父母金火先亡父 子息木水始為欢

十度　山影青松萬花林　巨门过末十度尋

未　父命屬羊先失去　母命母親受苦辛

四度　巨门卯至入四度祥　双親难得両風光

卯　父命屬鼠可堂生　母命屬猴必先亡

十二度　戊日丙辰時文明　富貴功名達帝京

未　祿享千鍾人爭羨　滿门康太受皇封

廿度　八刻生人文業堅　聖賢經史苦鑽研

亥　登雲望月君无路　明倫堂上过乃年

五度　流年小運犯刑沖　合主破財口舌生

亥　隄防四八十二月　人口疾病不安寧

巨十度 你命犯了走跳星 在家不安出外寧

子 東南西北都跑遍 父母兄弟說不听

九度 男子身体婦人心 好吃好穿見人欣

丑 不論夜間與白日 浔閒偷情把嘴親

八度 你命犯了避囊星 在外處處逞英雄

寅 進了家門兩腿短 不是叩頭就頂灯

七度 此刻生人性太剛 好打令飞不尋常

卯 任你生男並育女 只是苦打有灾殃

七度 離祖在外住他鄉 古廟破窰裏边藏

辰 自幼主老先家小 乞食不計冷熱粱

璧水貐

炁

十七度　己日甲子時貴生　財源似水五福增

亥蟾宮折桂争羨　恩光屡、耀门庭

九度　九度過卯入貴鄉　平生毫氣有芬芳

卯八字註定先洋水　貢生出身姓名揚

十五度炁星入亥步天门　度数十五必刑親

亥父命屬猪先帰土　慈母屬兎孤犯良

五度官祿宮中完强坐　司比賓相寿元長

卯出入王家称貴客　金枝玉葉配成隻

土度運行丁未灾福纏　損財口舌是留連

未若得平風浪静處　除非数交下五年

十度運轉丑位喜星祥　熊羆應兆生兒郎
亥丹桂森森秋香茂　晚景更喜福壽長
七度三刻配定鸞鳳鳴　良謀主就婚姻成
卯夫妻同庚屬雞相　久遠佳期松柏同
九度壁宿九度過未宮　纏來不得助月精
未母命屬龍先去世　父牛安寧享遐齡
五度蒹葭深處結成緣　紫燕啣泥畫梁前
卯落花流水兩清好　夫君必大十六年
二度今歲月令久亨通　駁雜瑣碎在其中
申若到正五九月內　莫管閒事保安寧

孛

六度壁水揄纏月孛星　父是屬鼠母猪庚
子初度行之当喜兆　暮景春光有餘豐
三度子時一刻女命真　夫君水火不刑侵
子父母金水母先逝　子非水火难保成
十度四柱生来最為良　才高班馬显文章
辰鈴衡揄選声名美　除授貢生坐賢堂
二度安身立命定生時　金風未動輝先知
子七月初二降人世　堂上双親喜嘻嘻
十二度身命二宮星辰悅　財帛田宅禄不缺
辰定酉皇家為門婿　难作青雲折桂容

土度運行戌申主生灾　若无大灾口舌来
申也須熬煎災心帶悶　下五申運赴心恒
八度四刻註定姻緣薄　夫妻年命同屬兎
辰蘭房相守到白頭　安康和合成夫婦
十度壁宿纏字過申宮　母命屬兎必先終
申父命屬牛堂上樂　寿似南山不老松
六度昔日月老配姻緣　夫主必大十七年
辰誰是年甲不相等　天緣結就朱女欢
四度子時生人格局清　寒窗苦讀用心勤
子終身难逐青雲志　錦鱗困在泮池中

羅

七度 羅星七度過丑宮 父命註定中年生

丑 母命屬猪庚為相 画堂桂柏菲青松

四度 女命丑時一刻真 夫主金命不刑侵

丑 父水母土父先逝 子立火土保成人

土度 八字生未主文昌 窮究經史在寒窗

己 雖然未遂青雲志 終身職受貢士芳

三度 鵲橋架定功人迎 牛郎職女兩相逢

丑 生辰七月初七日 父母堂前長笑容

土度 身命二宮細推詳 官祿之中貴非常

己 玉女相配為夫婦 金玉之家嬌客郎

十三度巳酉運得財不行　口舌是非主憂驚
酉若得安好无凶事　須交下五酉字中
九度四刻生人天配宜　夫婦庚相同屬鷄
巳鸞風和鳴成双對　紅葉題詩世间稀
十度壁水貐纏羅猴星　十一過一酉月不明
酉毋命屬虎先玄父　父命屬牛根家風
七度月老註定姻緣溥　赤繩繫定丙家足
巳夫君大你十八歲　晚景衣祿有餘蓄
五度丑時生人文業精　雖有功名不大豐
丑志歡月中扳丹宫　无奈身限在黃门

計

八度壁水逾逢計都星

寅母親必是屬猪相

五度女命寅時一刻生

寅夫君必配金水命

十一度五行過度理最真

午榮華富貴前生定

四度即秋中秋中元生

寅生辰七月十二日

十三度夫婦宮中最清新

午不必大门公侯女

父命屬虎　八度行

福如東海寿如松

父母水土保安寧

子立木土定養成

身遊泮水在黃门

莫笑柴门貴出身

雪功電妙月正明

秋風吹動寒蛩声

身司午宮福祿星

必是龍生風　養人

𠦃度運行庚戌推若何　吉少欠利凶事多
戌待災下五戌字運　灾消禍散平安樂
十度月老註定姻緣薄　五剋庚相同屬兔
午鸞鳳和鳴相敬對　永以團圓作夫婦
土度計纏白羊星主凶　父母丑年是同庚
戌萱堂必定先辭世　椿庭壽比不老松
九度月老前世註姻緣　效結未東牛女欢
午夫宮年長九歲　妃央同枕不同年
六度寅時生人命中奇　爭奈文齊福不齊
寅寒窗苦志功書史　終身飛不出泮池

金

九度入垣登殿九度行　父是兎年母猪庚
卯双親堂上安然樂　五行要談定分明

六度卯時一刻女命生　夫主宜長水命荣
卯父伏母土母先玄　子非土木必难成

十三度亥時生人理最真　身遊泮水在黌门
未富貴榮華前生定　莫吴柴门貢生出

五度孟秋佳節金風景　鴙冠花茂胭脂红
卯生辰七月十七日　海棠花下看芙蓉

十五度身命、、宮月坐辰　粧台夫君金星臨
未玉葉生在皇宮院　赤繩繫足配庶民

十五度　大運辛亥不主吉　皓月當空被雲迷
亥　必主破財口舌事　下五運中百事宜
十一度　生逢五刻定姻親　月老配定今世婚
未　夫妻年庚同鴛相　鸞凤和鳴福祿增
十三度　金星纏壁度數雅　萱堂難得共齊眉
亥　母親屬鼠先亡去　父命屬牛獨自悲
九度　一枕夗央交頸眠　夫主已大二十年
未　鶯声燕語春光好　清風明月兩安然
七度　八字生來到卯鄉　珠潛滄海待時昌
卯　胸藏錦繡声名美　身困泮池不生光

木

十度木星過度纏壁宿　父命屬龍母屬雞
辰乾坤造化安排定　壽享遐齡十度居
七度時辰一刻怕刑沖　夫主巳長水命通
辰父金母火无尅害　子立金木二三成
四度四度過子纏木星　父生鼠年命先終
子母命屬兔青灯守　壽似南山不老松
六度散向生辰是何年　七月二十二日間
辰命宮時刻當交正　巳亥坤宮母子安
五度身命俱入紫微垣　夜月輝光萬國傳
申此星金枝玉葉女　配與庶民作姻緣

三度壁宿纏木過子宮　椿萱南山不老松
子双親庚相同金命　百年康太福禄荣
土度木星纏壁十二度　月老註定姻緣薄
申時上分定六刻真　夫婦年庚同屬兎
六度己日時逢乙亥生　富貴榮華望九重
子躍過禹门三汲浪　果然平地雷一声
十度前世姻緣已定期　夫君必大二十一
申年申雖是不相等　晚景衣禄自豐足
八度辰時生人命亦奇　奈何文齊福不齊
辰空舍珠璣難施吐　身居泮水被人迷

水

土度水星過巳纏壁宿　父是屬蛇母屬猪
巳武職能降身光重　金烏玉兔走東西
八度巳時一刻定最真　父水母火不刑侵
巳夫主、刻子水土　姐妹三人你二身
五度壁水貐過水星宮　父命屬牛壽先終
丑母命屬兔孤灯守　辛苦勞力振家風
七度觜桂芬芳度數纏　百花結完孟秋天
巳生辰七月二十七　靈胎落地降人向
十度女命宮中禄星佳　身入酉垣數度度
酉不是上花壇淑女　定是金枝玉葉家

四度水星纏壁四度推　双親五行显光輝
丑母年有寿是金命　父命属兔木命行
十三度月老註定豈強為　夘央交頸自相宜
酉夫妻庚相同鷄属　生逢六刻永齊眉
七度己日甲戌是安排　定是英豪科甲才
丑食享天祿身榮貴　更有麟兒降庭台
十二度命宮註成姻緣成　夫妻庚相定不同
酉夫大妻年二十二　美得恩情是前生
九度己時生人日取請問　雪案映窗理聖賢
己雖然養成丹桂子　鱗魚留在泮池边

火

土度火星過度定陰陽　父命屬馬月清光
午母命註定屬猪相　雲影天光福壽長
九度午時生人一刻詳　父火母土兩延昌
午夫君水命無刑害　金水子立一三行
六度火星纏壁六度臨　双親必定有侵刑
寅父命屬虎壽年短　孀母屬兔受孤灯
八度中秋暮景黃葉飄　海棠花開輝壽高
午生辰八月初二日　父母堂前見一苗
十六度火星入戌近天门　自主榮華作搢紳
戌陰命必係王家女　陽命衣紫腰懸金

五度五行相生一世和　父命納音水命合
寅母親金命先天定　星辰過度定不錯
十四度北翼異妃央舜春風　夫妻屬兔在震宮
戌白頭双双偕連理　无刑无害七剋生
八度巳日癸酉時生香　蟾宮折桂耀门墻
寅衣紫腰金身榮貴　金殿傳臚姓名揚
十三度今生配合是前緣　夫主年長二十三
戌年甲雖然不同等　一桄妃央交頸眠
十度生逢五剋儒名伸　手扳丹桂用心勤
午食享天祿身榮貴　未後角清出朝门

土

十三度 土星過未助月光 母是屬猪父是羊

未 双親庚相安排定 满门瑞氣納禎祥

十度 未時生人一刻真 夫主大命不刑侵

未 父土母火母先逝 子立火土方保存

七度 土星過卯遇新榮 失陷纏度七度行

卯 堂上双親同属兔 父親必定赴幽冥

九度 歲值三秋仲景天 金風吹動透堂前

未 未生辰八月初七日 芭蕉葉葉弄凄然

十七度 全助月光分外明 出入龍楼凤阁行

亥 只因月老赤繩繫 下配庶民姻緣成

六度壁水貐令土星辰　母命納音是屬金
卯父是伏命前世定　日月重新、又新
十五度並頭蓮世間稀花　溪水送流紅葉題
亥生逢火剋姻緣定　夫妻庚相同屬雞
九度己日壬申時上以　合主金堦玉路行
卯寅雲独步身榮貴　更有蘭芳与君同
十三度並頭蓮花開正芳　妃央相配共成双
亥夫主必大二十の　老陽更比少陽強
十一度星逢末時儒業全　剌骨懸梁理聖賢
未胸藏毫氣三千丈　泮水不流到廣寒

龍

六度龍纏壁宿細推詳
申 母命定是屬豬相
土度申時一刻定吉詳
申 父金母火先亡父
八度龍纏壁宿八度行
艮 父命屬龍尅吉早
十度金風陣々雁亭樓
申 生辰八月十二日
四度運行庚子不順通
子 若待下五子運至

父是屬猴在坤方
乾坤相對凜陰陽
夫配水命始為良
子立水土免刑傷
二親宮中仔細詳
母命屬兔伴孤灯
節逢佳景近中秋
滑水紅葉任飄流
惹事招非求財空
百般謀為稱心情

七度星宿過度定世間　金烏玉兔似梭穿
辰五行母金父土命　可喜相生家道安
二度壁宿纏定龍得星　過子二度冲月宮
子母命屬猪先尅去　父命屬牛松柏青
十度巳日時主遇貴星　時逢辛未必崢嶸
辰衣紫腰金食天祿　滿门福氣受皇封
十度申时生人儒業堅　讀破經史対聖賢
申詹志散折三秋桂　泮池無路到廣寒
三度涼年月令不順情　若不破財疾病生
酉交至二十六日內　躲些閑事保安寧

紫

十五度紫微過酉方是福　父命屬鴉母屬猪
酉滿園花草佳芳色　新梅春光長嫩枝
十二度酉时一刻主孤孀　夫若不剋金水良
酉子息木命二三立　父母火土母先亡
九度紫入巳宮怕風搖　父命屬蛇先斷橋
巳母命兔庚孤身寿　看養蘭桂長異苗
十一度金风送暑蝉叉鳴　月到中秋雁南声
酉天賜一段風光好　正是八月十七生
五度大運交精辛丑宮　慈是招非人口凶
丑若要平安諸事順　過却辛字到丑亨

八度月老配合姻緣奇　壁宿纏紫行廣遲
巳夫妻五行同金命　配合八度衣祿餘
三度紫星過丑欠光輝　亥纏壁宿定傷悲
丑慈母屬狗光陰短　父命屬牛受孤恓
十一度巳日庚午時超羣　鳳凰飛舞入瓊林
巳年扳丹桂登月殿　身衣朱紫拜皇恩
十二度酉時生人儒名昌　猶如芳草遇秋霜
酉空把工夫加百倍　錦鱗困在泮池边
十三度未星纏度不足言　命宮八字福祿全
未未時生人文業羨　貴生榮身輝祖先

文

十六度文曲纏壁在戍鄉　父是狗年母猪方
戍双親位上先天定　福祿身邊壽遐昌
十三度戍時一刻定吉祥　父母金水保安康
戍夫君金水得安穩　子立火土姓名揚
十度文曲相會纏壁星　父若屬馬壽先終
午母命屬兎青灯守　百艸芳菲振家声
十一度時值中秋金風天　賓鴻望南对一还
戍生辰八月二十二　芙蓉歲盛在庭前
六度壬寅大運要隄防　口舌破財両三場
寅待交下丑寅子運　方保人財両相安

九度　壁水貐纏　文曲星
午　妻宮金命月老配
四度　文曲過寅細推詳
寅　母生鴝年尅离早
十一度　己日時逢巳已迁
午　玉堂金馬富貴
十六度　生逢戌時命夫亨
戌　平生欲遂青雲志
十六度　申時生人最為良
申　文章錦繡英才

九度過午記的清
夫宮亦命本前生
纏壁四度爭有光
父生牛年寿东洋
命宮合主科甲連
插戴金花拜聖顏
經史鑽研苦用工
徒遊泮水光不生
註定榮華福祿昌
職賜貢生姓名揚

戌

壬度戌由入乾不為良 纏壁十七度数強

亥双親屬猪同庚相 一门衣福自天昌

昴度亥時一刻定命詳 父母水火父先亡

亥夫君水命金木子 姐妹四人你行三

土度母生兎年安且寿下 纏壁度数見刑傷

未

戌入未宫不為良上 父命屬羊必先亡

十三度金風送暑聆秋涼 雁過南樓思故鄉

亥生辰八寸二十七 子船落地子見娘

七度運行癸卯更有虧 口舌破財不順為

卯交臨下五卯字位 方保安寧凶化吉

十度武曲纏壁分陰陽
未夫妻主行不刑傷
五度武曲五度本為福
卯母命屬猴必先去
十三度己日戌辰時化龍
未必然奮志青雲上
十四度八字正逢亥時生
亥志歡月中搬丹桂
十五度命宮註定是貴生
酉一朝奮志青雲上

註定妻命是金年
男子伏命配的良
纏壁不宜過卯度
父命屬牛青子孤
胸藏毫氣吐長虹
插戴宮化拜九重
遂却儒業泮水興
無奈身非廣寒宮
酉時生人入黃宮
他日身榮貴王公

陰

二度　姻緣配合喜重重　妃央並翅飛当空
子　夫主必大十二歲　悅景堂前福祿同
六度　八字命宮主清光　珠潛滄海待時光
子　胃中錦繡声名美　終身貢士始流芳
十一度　太陰纏璧過申宮　父母定是受刑冲
申　猴父先赴黄泉路　慈母屬兎守孤灯
七度　身宮坐定論正恩　原非龍虎榜中人
子　腰金艮紫身榮貴　金枝玉葉配姻親
八度　運交甲辰不順情　破財口舌煩惱驚
辰人　口疾病纏綿事　下至辰運万事吉

土度太陰纏壁度數清
申男命屬伏羌錯差
四度月老配合鸞凤集
子生逢二剋同屬兎
六度太陰交纏壁衰貐
辰萱堂屬羊先去世
五度己日時逢丁卯宮
申習成文業身榮显
七度時逢戌時格局清
卯雖然未遂青云志

妻宜金命福祿增
星辰過度分五行
交頸和鳴自相宜
奔案齊眉会佳期
六度過辰、主尅离
父命屬牛有期頤
腰金紫、衣伴朝廷
位列玉殿拜九重
幾番經中百煉金
他日職授貢士身

陽

三度同声相應丙兒夫　花開馨香蝴蝶忙
丑天宮己大十七歲　百年相守永安康
七度八字生人格局精　先遊泮水入黃门
丑雖然未遂青雲志　終身必作貢士公
十二度堂上双親有後先　鳥父必先辭家緣
酉母命屬兔孤灯守　福如東海壽如山
九度五行要訣看的真　財帛宮中榮賜恩
丑烏紗冠頂身榮貴　王府招親結成婚
九度乙己大運不為吉　五入求財無利息
己人口不安心憂悶　下半五年財漸足

土度 五行要訣定的清 妻宜金命振家風
酉男子土命居六數 月老配姻合緣成
五度二刻鸞凤和鳴 良配佳偶自天成
丑夫鳩妻也同庚相 一枕妃央兩意濃
七度太陽入巳落月光 交纏壁度星辰強
巳 母命屬馬先刑害 父命屬牛福祿長
十五度巳日丙寅時生福 丹桂庭前祿万鍾
酉金馬玉堂人爭羨 四海声名達帝京
四度流年月令不為吉 若不破財生災疾
戌交至三七十一月 受此之陰氣免招危

巳

夫度己日乙丑時显名　福祿綿、、貴氣生

戌壯年首登龍虎榜　奮志青雲步蟾宮

八度身命二宮遇紅鸞　四柱生的理聖賢

寅、文章滿腹英才士　身授貢元显祖先

古度十四過度必不安　父命屬狗去在先

戌母命屬兔福祿壽　孤灯独守理家緣

十度命宮巳星主為相　福祿双全、永綿、

寅極富極貴人争羨　金枝玉葉配姻緣

廿度運行丙午主不詳　破財口舌有几傷

午若要災消並禍散　交下五年方保安

十二度大運交子喜重、　君命注此福祿盈
戊人財丙旺添吉兆　果然生子應熊羆
六度三刻生人姻緣奇　清風明月丙相宜
寅、夫妻原是同屬兔　家道泰、、福祿齊
八度巨门過午破財星、　纏壁八度冲月宮
午母命屬蛇先归土　父命屬牛天上榮
四度一对央、妃水底眠　夫主正大十五年
寅前生姻緣月老配　琴瑟調和永綿、、
五度流年月令不吉祥　受驚闲氣惹几場
亥若交四八十二月　闲门静住保安康

巳

二度你命生来交上人　紙墨筆硯貨物新

子曰經四書担肩上　各處出房送詩文

四度離家在外受心苦　大車小輛貨物真

丑雖然不是自己本　過水登山称商人

六度此刻生人衣食強　手藝精通称最人

寅諸般手藝你不做　人全憑眼力作鏇匠

七度此刻衣食謹天降　能巧經營度方向

卯樓房尾舍盖得好　善会修補泥瓦匠

十度此刻生人秤最上　外實內空火光亮

辰勾層層滴水穩獸好　燒磚燒瓦是窰匠

奎

炁

三度过寅

七度过寅

十三过戌

十度过午

十四过戌

乾坤交泰喜無边父命属鼠母鼠年

双親可比松柏景生死長久不一般

大運甲寅不為奇求財無利反生疾

須防口舌驚憂事下五年来生光輝

雁过南楼叫声喧暑去寒来白露天

萬物凋殘黄葉落生辰八月二十三

月老配合夫歸宫算来俱是木命生

五行配定姻緣就炁星躔奎午宫中

炁星过戌每奎纏手足宫中仔细参

兄弟三人你居二分行同胞一体連

十一　星宿过度入午宫　父是属馬命先終
过午　母命属龍守堅固　寿似松柏百年青
五度　杰星躔奎入寅宫　母命属鷄寿先終
过寅　父命属虎家道盛　百年福寿享遐齡
六度　庚日辛巳时青雲　名標虎榜氣象新
过午　族牌懸门人争羡　宫花插戴拜君恩
十五　七刻生人福重重　父子鄉科俱成名
过戌　争奈春雷不震動　既受皇恩祿千鍾
四度　流年小運主不通　準備破財口舌生
过酉　若到二六十月内　隄防小人免憂驚

孛

四度
过卯
八度
过卯
十四
过亥
十一
过未
十五
过亥

孛星过卯四度尋二親庚相定的真
父命属兔母属鼠寿似南山四皓人
乙卯大運主憂驚財帛必同火上氷
若臨下五卯字位家道安康百事亨
金風陣陣送秋涼賓鴻对对还南方
生辰八月二十八中秋已过坐重阳
五星要訣理不虛未来之事已先知
妻宜木命能内助男是水命配佳姻
孛星交纏近天门手足排行四个人
你是居二宮不錯星宿穿宮筭的真

十二过未六度过卯五度过未十七过亥五度过戌

孛星过未主刑傷度數十二星系時
父命属羊先辞世母命属鼠受安康
孛星纏奎母猴庚定主先剋在幽冥
生產人強呼哀子弟父高堂壽比松
庚日庚辰時最強養成鱗甲待時飛
青雲星路身榮显宮花插戴近天光
八刻生人文業齊父子成名天下知
子登金榜榮進士父受褒封占鄉魁
小運不祥遇凶星破財口舌事重重
隄防三九六十二若不生灾定星驚

羅

五度
过辰
九度
过辰
四度
过子
十二
过申
五度
过子

羅星过辰五度推景色和風萬物輝
慈母屬鼠壽常在父命屬龍自芳菲
運行丙辰不風流破財口舌主心憂
下五年交辰字管進財添喜閑事休
花發風光清雨天桃李芬芳年十三
人间喜事從天降此年妻宮產兒男
妻宮木命享安然相生火男命宜全
五行要訣前生定夫婦配合十度间
並頭蓮花色更鮮鴛鴦遊戲往來穿
夫婦同是屬龍相因生三刻福祿全

十三　星宿交躔过申宫父是属猴母是龍
过申　父君先被雲遮掩慈母堂前守孤灯
一度　滿樹榴花映日紅桑椹蓁蓁黃鸝鳴
过子　寅五月初生一日将至阴阳朔望中
七度　益福消災过辰方羅星纏奎定刑傷
过辰　慈母属羊必先去父命属鼠福寿長
四度　庚日巳卯时生焉灯前奮志習文章
过申　躍过龍门三汲浪金榜高題姓名揚
三度　夫妻千里結成婚老少交結同枕衾
过子　恩光足至今世定夫長二十五歲

計

六度 计过巳宫每逢躔 父命属蛇福禄全

过巳 母命属鼠多差错 二亲享寿永百年

十度 大运丁巳艰难多 破财犹恐事不合

过巳 交到下五巳字会 明珠出璧宝镜磨

五度 晓日红花映碧天 月老前定配姻缘

过丑 妻宫年十四岁上 早生一子在堂前

十三 五星要诀不虚言 妻宫木命配姻缘

过酉 月老注定成婚配 男子土命福绵绵

六度 计都过丑二刻躔 夫妻同生在犬年

过丑 满园莺语春光好 赤绳系足结姻缘

十四过酉　计躔大梁过酉宫　文躔奎宿反为凶
二度过丑　父命属鸡韶光短　犯母芳心守孤灯
　　　　　榴花开放映日红　杨柳枝头蝉声鸣
　　　　　闰五月生初六日　晚景荣华福自生
八度过巳　计星八度过巳宫　缠奎命父寿比松
　　　　　母命属马光阴短　必遭刑剋命先终
三度过酉　庚日戊寅时上生　定主折桂步蟾宫
　　　　　身荣紫衣登月殿　手执象简拜九重
四度过丑　赤绳繫足月老时　姻缘相配甚稀奇
　　　　　亥壬长你二十六　春少人伦各不齐

金

七度过午
清风明月两相宜　二亲宫中细推知

十一过午
父命属馬母属鼠　星辰过度洩天机

六度过寅
運行戊午不為奇　謀為不利反災疾

十四过戌
交过上五年不遂　下五百事自相宜

七度过寅
妻早花開鮑陽天　丹桂枝上財〻鮮

一樹蟠桃先结菓　妻宫十五生一男

運行卯戌喜氣揚　滿门祥瑞生兔郎

財源茂盛加吉兆　暮景滔〻福壽長

生逢三刻度數纏　池塘鴛央交頸眠

夫妻二人同龍相　月老千里配姻緣

十五　金從白羊过戌宮纏奎十五度數行
过戌　父命屬狗先剋去慈母屬豬壽比松
三度　滿樹桃李自重红一枝奇花結子成
过寅　閏五月生十一日酉時添喜晚年豐
九度　奎星过午福祿強交纏九度奎宿傷
过午　母命屬蛇先剋去歸父君壽在高堂
二度　庚日丁丑時生全五福逆门丹桂扳
过戌　玉笋書班人争羡駟馬高車耀祖先
五度　月老配定結姻緣老少年庚不得均
过寅　欲知夫主年多少夫大二十七八春

木

八度　过丑
十二　过未
七度　过卯
十五　过亥
八度　过卯

木星交纏奎木狼　二觀宫中細推詳
父命屬羊為庚相　母命屬鼠樂高堂
運行巳未财不安　人口啾唧事流連
若問進财添喜事　須待交諸下五年
世间何事是真欢　人生兒子萬事全
妻宫年方十六出　门掛新紅弓矢懸
運交辰酉福祿強　门庭吉慶家宅祥
蚌產明珠添喜兆　蘭房呈祥產兒郎
生逢三刻配姻緣　夫妻同庚左犬年
鶯声燕語交鸞凤　綠水滔滔並頭蓮

十六過亥　木入亥宫细推详　樓堂定主早刑傷

四度過卯　父命属猪先剋去　就母寿似松柏長

十度過未　桃李满樹弄春红　闰五月是十六生

一度過亥　揔离母胎双親喜　晚年家道更峥嵘

六度過卯　抱蝉相守受勤劳　纏奎十度未上摇

　　　　　母命就相定先去　鳏父属猴锁二喬

　　　　　庚日丙子时生福　板宫折桂千鍾禄

　　　　　人人争羡福禄重　四海揚名達帝都

　　　　　姻缘前定永不差　犹如喬木伴嫩花

　　　　　共枕妃安同相会　夫主巳大二十八

水

九度　水星过申九度祥淡淡陰雲罩日光

过申　父命屬猴母屬鼠双親已壽在高堂

十三　運行庚申損財源疾病口舌事流連

过申　交过上五庚子運下半五年喜事添

八度　員員明月出雲端一双夗央下廣寒

过辰　鸞凤和鳴姻緣事十七生子妻芳年

三度　初入孟秋寒蟬稀芙蓉枝上蕊未出

过子　生辰七月初三日父母堂前生歡喜

九度　生逢四刻鸞凤鳴夫妻庚相同屬龍

过辰　姻緣相配松柏夫赤繩繫足夗央成

一度　木星过子一度行濛〻细雨共凄风

过子　手足宫中無倚靠孤身独自立家庭

五度　桃李枝頭黃又红緑柳深處燕声鳴

过辰　閏五月生二十一父母生你生成名

十一　水星纏奎度數行过申十一要分明

过申　母命屬兔先剋去後父枕边恨蟬鳴

五度　三刻生人貴非凡代〻儒業对圣賢

过子　父子俱登龍虎榜戢受皇恩福禄绵

七度　一对夗央同宿缘少長同衾不一般

过辰　夫主整大二十九夫唱婦隨永團圓

火

十度
过酉
十四
过酉
九度
过巳
四度
过丑
十度
过巳

火星过酉十度逢双親庚相预先知
父命属鸡母属鼠高堂早寿两松齐
辛酉大運事早虧凶多吉少锁愁眉
若交下五酉字管满园花草自芳菲
子息宫中命安排人生定能强求来
妻宫年方十八岁月中丹桂一枝南
系宫过度细推寻暑去寒来秋又臨
生辰七月初九日巳育父母見元辰
生逢四刻配成双夫妻同生在戌方
月老前定姻缘定蘭房花烛正喜光

二度 火星过丑二度行手足宫中算的法
过丑 同氣連枝居一体兄弟二人你頭名
六度 蟠桃將熟遇薰风閏五月二十六生
过巳 父母堂前添喜氣暮景安然子結成
十二 利握重兵酉上行火星过酉十二宫
过酉 母命屬鼠他去早同庚嚴父壽如松
六度 先天註定四刻生金榜父子喜荣登
过丑 世代詩書習儒業祖先荣耀重褒封
八度 姻緣相配致凤鸾月至中秋显重光
过巳 最喜晚年丹桂茂去主整大十五双

土

十一 欲向双親庚相清 只左星宿遠度中
过戌 仔細推筭毫無錯 父屬狗母屬庚
十五 運行壬戌向若何 破財口舌疾病多
过戌 上五年中皆不利 下五戌字保平安
十度 子息遲早定天然 吉星拱照左人间
过午 妻宮年交十九出 一枝丹桂立庭前
五度 八字生在孟秋天 降生七月是十三
过寅 樓對乾坤真可羨 玉簪花開显鸡冠
十一 五刻生人定不差 夫妻同我皆白髮
过午 鴛鴦並翅同欢念 暮景重盈福寿佳

三度　土星过寅三度臨紫荊花發茂盛春

过寅　手足宫中分次序兄弟三人你為尊

七度　土星过午七度間火輪懸掛在中天

过午　閏六月生初七日天張火傘旺人間

十三　土星纏奎入戌宫度行十三畏刑冲

过戌　母命屬牛先剋去父是屬雞壽遐齡

七度　时分五刻福祿俸命中父子显官星

过寅　金榜同登重重贵门庭双双進士公

九度　昔日月老配婚时知央交遊年不齊

过午　老大三十零一岁老阳少阴结子奇

龍

十二 奎木狼纏龍怯星
过亥 堂上双親同有壽
十六 運行癸亥莫張為
过亥、平安下至亥子管事
十一 蟠桃枝上丹桂香
过未 妻宮年方廿歲
六度 節近春殊看青松
过卯 生辰七月十八日
十二 生逢乙丑刻定姻緣
过未 夫妻同生是屬狗

十二度行是天宮
父命屬狗母屬鼠
須防損財惹事非
進禧添財事事宜
共枕同衾兩死央
書生一子在蘭房
窗前偶見一孤鴻
景物清奇中元生
赤繩繫定兩團圓
壽星照耀喜自然

四度　龍德過卯四度纏　手足宮中仔細參

过卯　同氣連枝居一休　兄弟四人惟你先

八度　命中八字定無移　時六月生初六期

过未　堂上双親恩先重　一生福田在眠時

十四　龍星可旺樂長生　度行十四躔奎星

過亥　父虎高壽南山老　慈母屬鼠壽先終

八度　六刻生人貴非常　夫子進士天下揚

过卯　封章臨门重重至　威名遠播鎮边疆

十度　姻婚匹配前生定　老幼年甲不同庚

过未　夫主定大三十年　前世姻緣非今生

紫十一 婣緣配合總由天 數夫主原大三十二
過申 命宮註定前因事 福祿荣華在晚年
十二 妻財子祿定先天 子息遲早非偶然
過申 蘭房二十零一歲 堂前喜生一兒郎
七度 身命二宮度数间 生辰七月二十三
過辰 秋景清涼明月夜 父母堂前笑声喧
四度 紫星過子本无光 四度躔奎不初昌
過子 慈母納音是本命 契父在金命相生芳
五度 紫星过辰最吉祥 命逢此刻大吉昌
过辰 兄弟五人居一体 次序乙中你一行

五度　堂上双親有後先　星辰註定理固然
過子　父命屬鼠先帰土　母命屬龍福禄全
九度　奎星躔紫度数求　薰風送暑盼中秋
過申　閏六月生十一日　星君海屋又添籌
十三　比目奐遊春水欢　蝴蝶並翅舞翻〻
過申　只因時多六刻定　夫妻屬龍是同年
十二　庚日丁亥時上行　折桂板蟾達帝京
過子　食禄天遠人罕見　一门荣耀受皇封
九度　命宮多定七刻生　父子金榜共荣登
過辰　腰金衣紫身榮貴　天下楊名受褒封

文

十二　前世配合姻緣事　月老註定非偶然
過酉　夫主原大三十四　永遠夫妻過百年
十三　蟠桃枝上桂花香　共枕同衾兩死央
過酉　妻宮二十零二歲　喜生一子在蘭房
八度　孟秋佳景碧霞天　寒蟬不住噪聲喧
過巳　生辰七月二十八　灵胎圓滿降人間
五度　文曲躔奎過丑宮　父母俱是木命生
過丑　椿萱星相星宿定　家道禎祥福祿通
六度　文曲过巳六度行　東宮躔奎推算清
過巳　兄弟二人你居長　同氣連枝一体生

六度　奎星交躔文曲星　父是屬牛母屬龍
過丑　慈母在世先去父　金烏玉兔走西東
十度　薰風過暑秋蟬鳴　閏六月十六日生
過酉　大抵乾坤同一位　黃閣青箇又添丁
十四　六刻生人配姻緣　文曲過度酉宮穿
過酉　夫妻庚相同屬犬　朝夕同歡画堂前
十一　庚日丙戌時生香　月老滄海显清光
過丑　玉堂金馬人爭羡　富貴榮華姓名揚
十度　八刻生人福祿強　父子金榜姓名楊
過巳　宮花揷戴人欣羡　腰金衣紫位皇堂

武

十三　死央老少兩和偕　運至晚景福自來
过戌　夫主已大十三五　姻緣配合命裡該
十四　桃李慕之映日紅　月正團圓分外明
过戌　二十三歲妻生子　早年清閑早年榮
九度　庭前白露恰中秋　天邊懸掛一月鈎
过午　生辰八月初三日　雙雙鴻雁过南樓
六度　五星过寅寅度數分　萱堂木命降生身
过寅　納音五行父水命　相生百年樂欣欣
七度　雁行分飛叫声鳴　紫荊樹下整羽翎
过午　兄弟七人居一体　同氣連枝稱頭名

七度　武曲躔奎七度行
过寅　椿庭風折先去世
十一　萱風送暑養物榮
过戌　閏六月生二十一
十五　鸞鳳雙雙丙和鳴
过戌　生逢七刻星排定
十度　庚日己酉時貴遷
过寅　養成志氣折月桂
十一　三刻生人顯久明
过午　意欲身赴瓊林宴

父命屬鼠母是龍
萱堂寒床伴孤灯
枝頭蟬噪彤金風
葵花開放子初成
千里姻緣整里亀
夫妻二人同屬龍
必是蓬来一洞天
名揚四海天下傳
父子重榮一舉成
奈何金榜未題名

陰

十四 昔日月老配姻缘
过亥 夫主已大三十六
十五 龜吉花开遇春光
过亥 妻宫十二零四岁
十度 金风露冷雁南迁
过未 生辰八月初一日
七度 奎木狼心躔太陰
过卯 母是木命降生世
八度 太陰过未八度祥
过未 星辰排定无差错

一枕死央不同年
百年光陰难保全
蘭房々中喜弄璋
丹桂结子满庭香
寒江秋水月未圆
父母喜欢在堂前
五行相乐欢合欣
父命是火福寿均
兄弟宫中有四双
保身居長不尋常

八度　太陰过卯正昇東　文躔奎宿八度行

过卯　父命屬兔必先去　孀母屬龍蟄豕风

十二　季夏將冬伏正中　蟬声悲哀畏秌风

过亥　閏六月生二十六　桂子芳菲喜氣生

十六　七刻生人效鸞凰　千里姻缘福壽昌

过亥　鸞风和鳴夫妻婦喜　二人同犬入洞房

九度　庚日甲申時旺生　儒非世業显崢嵘

过卯　青雲有路君独步　析桂板蟾到月宫

十二　四刻生人爵祿奇　父子同榮甲榜題

过未　志合春雷傳天下　職位金榜掛各時

陽

十六　七刻生人福祿奇　父子登科名俱奇

过戌　父標金榜傳天下　子居鄉試印榜題

五度　運行壬子事难成　几番煩惱也曾驚

过子　破財疾病心不遂　下五子運稱心情

壹度　太陽过子一度推　天倫屬相无差移

过子　父母庚相同屬鼠　一世安然福祿奇

十一　時逢中秋雁南还　金風送暑喚秋蟬

过申　生辰八月十三日　几度春光几度全

八度　太陽过辰度數遲　雙親庚相預先知

过辰　母是木命納音定　父是土命中央居

九度　太陽躔奎度限天　父母同鄰我先生

过辰　父先故兮母还在　家道康泰福先逝

九度　太陰过申九度行　五行星要訣最分明

过申　兄弟九人係居長　同氣連枝一体生

三度　奎木郎躔太陽星　三度过子論刑冲

过子　母命属猪先赴去　父寿百年福祿隆

六度　庚日癸未特起犀　方[illegible]信詩書不惧人

过辰　腰金衣紫身榮貴　一舉成名天下聞

十三　五刻生人文業奇　父子同登虎榜題

过申　意欲名登金榜貴　爭奈身不赴风池

巨

二度 陰陽變化本無窮 洩漏天機畏雷公

過丑 預報人間親庚相 又命居牛女鼠相

六度 星辰過度論命宮 運行癸丑事多凶

過丑 破財口舌多憂悶 下半五年自亨通

十二 賓鴻雁過去著天 綠葉風飄水上蓮

過酉 生辰八月十八日 土蠹壞花在堂前

九度 九度過巳最為奇 妻宜木命和合吉

過巳 月老註定姻緣事 男是金花配佳期

十三 鵬鳥展翅過長江 有前無後思故鄉

過酉 兄弟二人你居二 棠棣花開各吐芳

十艮 奎星纏巨論吉玄 十度过巳推得真

过巳 又命属蛇先去世 母命属龍并孤灯

四度 五星要訣論五行 巨星躔奎分五行

过丑 四度过丑事父寿 戌母必先赴幽冥

七度 庚日壬午時最清 管取声名進士公（奎三 達帝京）

過巳 鵬程有路君独步 金榜題名達帝京（奎三 進士去）

十四 六刻生人文業隆（奮志重榮登金榜） 父子同登赴鹿鳴

过酉 奎木狼躔巨門星照 奈何金榜名未成

三度 奎木狼纏巨门星 此年小運不順通

过申 若到三六九十二 月令不遂有憂驚

二度　命中犯此九安星　怀男却是不成胎
過寅　此煞若还不斬送　定主一世落塲亡
二度　流中時值天福星　家道康泰事安寧
过子　凡事謀為皆順意　喜氣謠謠笑盈盈
十五　流年喜逢文曲星　管教你功名必有成
过丑　准備文章皆得意　脫舊換紫入泮宫
十七　流年内值太和星　如舟昇蓬順風行
过寅　无凶無災也无難　合家安寧得吉慶
十九　流年内值月德星　逢凶化吉得安寧
過申　換有小难不成患　到有好事進家门

婁金狗

炁 三度 炁星过丑三度行 度數交躔是妻星

过丑 双親庚相前生定 同是属牛福禄增 均

十二度 金風飄飄满院香 鴻雁双双排成行

过酉 生辰八月十九日 蘭桂庭前降禎祥

十二 五星躔度不虛言 过巳十二度數停

过巳 妻宜水命成佳耦 男子金命福禄全

四度 炁星过酉躔妻舍 推算手足有七人

过酉 次序之中先天註 君居三名定的情

五度 流年小運大不祥 正四七十謹隄防

过酉 生氣慈惱疾病至 懶对淒花生悽惶

五度　星宿何宮躔妻金　五度過丑皆非何真

過丑　母命是狗先去世　又親在堂百年榮

七度　辛日甲午時最清　管取聲名達帝京

過巳　鵬程萬里君獨步　金榜題名進士公

七度　大運交丑死央雖　煩惱重重受孤悽

過丑　離合悲歡月老定　隨斷隨續會佳期

十一　五星纏度定命宮　夫妻二星無亂爭

過巳　父先克先去母有壽　二親俱是蛇年生

三度　明運不到者除名　只因時逢六刻生

過酉　青燈黃卷用心苦　名列詳宮不終榮

孛

四度　五星要诀理最玄　孛星躔婁四度穿
过寅　父命是虎母牛相　矍矍有寿過百年
十四　暮景仲秋紫燕回　金風送暑盼寒梅
过戌　生辰八月二十四　子母相見在房幃
十三　孛星過午定不差　死央对对並頭花
过午　月老註定姻缘事　夫木婦水福禄佳
三度　五星躔度理甚玄　妙写天机在人间
过戌　多宮过度毫不錯　兄弟八人你為三
七度　流年小運不順通　隄防暗裡有灾星
过戌　菱花懶照添憂悶　二人八十一月驚

六度　孛星入寅号大財　子宮纏妻六度排

過寅　父兔壽如南山老　鷄母大夢帰陰名

八度　辛日癸巳步青雲　宮（名）題穿（魁第）榜景色新

過午　彩旗翻翻人争羡　宮花穿戴拜君恩

八度　姻緣長短是前因　大運交寅離又分

過寅　鴛鴦拆散必再娶　洞房花燭又一新

十二　陰陽二命細推詳　十二过午主刑傷

過午　父命是馬必先去　母命是蛇寿延長

二度　名列泮宮運不通　出退儒名七刻生

過戌　胸藏錦綉难吐施　豪氣冲霄荣子成

羅

五度　春風花李過枝頭　花落飄飄水東流

過卯　父命是兔高堂樂　母命是牛百歲秋

十五　時值中秋白露天　鴻雁對對望南還

過亥　生辰八月廿九日　丹桂花開香滿院

十四　星辰過度理非輕　註定之人見夫妻宮

過未　月老配合姻緣事　夫妻同是水命生

二度　羅星入亥是天門　回頭作吉過妻全

過亥　手足言中有九了　雁行次序係三人

十七　小運不通定主哭　大精無神不開懷

過亥　靜坐百般生閑氣　三六九十二月衰

七度過卯　羅猴躔婁七度宮　兔又安然喜崢嶸
毋命是猴先去世　魂魄悠悠守孤坟

九度過未　辛日壬辰時貴方　眷戚文章侍明君
青雲獨步人爭羨　宮花紫誥近天光

九度過卯　大運交卯福不增　妻宮一定有刑沖
隨克隨娶前生定　洞房花燭又一層

十五過未　妻羅交躔未宮逢　又命是羊壽先終
毋命是蛇孤房守　光陰有限倚青松

一度過亥　不肯從頭苦鑽研　生不逢時也枉然
時逢八刻儒業退　榮子成名福綿綿

計六度 青桂(松)栢老無休 計都过辰又躔婁

过辰 堂上雙親同有壽 父命屬龍母屬牛

五度 男女宮中非偶然 姻緣定就是前番

过子 妻年生子二十五 白鶴飛獻蟠桃延

十五 計都十五申宮遥 配定不差半分毫

过申 男子納音必火命 妻宜水命保堅牢

十七 計都过子二刻均 月老千里結成親

过子 夫妻同是蛇年降 赤繩繫足配成婚

十度 辛日辛卯特吉昌 寒窗若く念文章

过申 跳过禹门三級浪 金榜題名姓字香

八度　計都躔妻不為良
过辰　椿庭是兔鼓盆嘆
十度　椿大運交辰有悲傷
过辰　月老註定此運內
三度　荷花出水映日紅
过子　閏五月生二十三
十四　堂上雙亲父是猴
过申　佳産人龍呼狐子
十四　計过定瓶本不吉
过子　百年恩愛常相守

过辰八度必帶傷
母命是羊必先亡
失偶再娶配死央
再娶新婚福祿强
黄吉结實於金鈴
紫燕乳哺画堂中
註定先葬在荒垃
寡母是蛇滾交流
夫主長你三十七
庚相不齐福都齐

金

七度　金躔过妻金对金　号為夫良度數分
过巳　若问人间辛庚相　父命是蛇母牛身
六度　一樹蟠桃结實成　母桂枝頭色更青
过丑　二十六歲要生子　喜氣盈盈添貴丁
十六　月老註定世间婚　妻宜木命结成婚
过酉　男命是土生萬物　配合八度福祿臻
十六　月老配定永無更　分宮过度二刻生
过丑　夫妻同是屬猪相　鸞鳳和鳴舞春風
十一　辛日庚寅特正清　必然折桂入蟾宮
过酉　身着紫衣昇月殿　手執象簡拜九重

九度金星交躔妻金中　九度过巳八月宫
过巳又命属兔安且寿　母命是馬寿先終
十一大運交巳災禍纏　疾〻病口舌事留連
过巳人旺財興運交午　家業再整更新鮮
三度處〻陽和花正開　桃李滿樹閙誒〻
遇丑寅五月生初七日　弟知芬芳稱心懷
十五星宿交度过酉宫　又命是雞母先終
过酉母命是蛇孤灯守　壽併是南山不老松
十四八字生來定不差　死央交頭宿蘆花
过丑夫主年庚多六歲　少然無正大三十八

金木

八度　木星過午八度祥　天倫一定不尋常
過午　五星躔度真實理　又命是馬母牛鄉
七度　二十七歲貴妻年　此命中定生一男
過寅　運行男女宮中吉星照　家業興盛福祿全
十七　運行巳申辛興隆　仕道添喜稱心情
過戌　能過庭非添祥瑞　蘭房喜生一兒郎
十五　三刑生人定姻緣　夫妻同是小龍春
過寅　躬翅鸞鶩水上舞　鸞鳳和鳴結成親
十二　辛日巳丑時定全　五福迎門丹桂秋
過戌　紫袍玉帶人爭羨　駟馬高車耀祖先

十度
過午　木星躔妻過午宮
母命是蛇早先去
又兔壽似不老松
悠悠蕩蕩赴幽冥

十二
過午　大運交午不為良
月老造定此運內
造定剋妻有悲傷
死失再整桂枝香

四度
過寅　閏五月生仲夏時
簷前火傘當其照
生辰十二始為奇
方纔沐浴洗胎泥

十六
過戌　星宿過度要分宮
父命是狗先去世
木星纏妻動悲聲
寡母蛇相守孤燈

十三
過寅　姻緣前定非強求
夫主定大三十九
今世鸞鳳相配儔
一枕外央到白頭

水

九度　介宮過度定天倫　九度過未水星辰

過未　又命是丁羊春常在　母命是牛喜歡欣

八度　命宮何事是真福　人生有子弟手足

過卯　妻年二十要八歲　門庭以上總失孤

十八　運行午位喜迎門　丹桂呈祥產麒麟

過亥　果然應兆生一子　方信陰功不誤人

十四　繼取荷葉絲成双　生逢二刻配鴛鴦

過卯　夫妻同是亥豬相　久遠姻緣家道昌

十三　辛日戊子時上清　登雲望月青九霄

過亥　蟾宮折桂身榮顯　四海揚名達帝京

十一　水星遇未喜升垣　文躔妻宿遇東川
遇未　母命是龍先赴去　父命屬兔福祿全
十三　運行未上主分離　衾寒枕冷獨自棲
遇未　墻上泥皮方揭去　隨高隨合笑嘻嘻
五度　時當閏五月期生　楊柳枝上金蟬鳴
遇卯　生辰原似十七日　父母堂前添笑容
十七　小人亥宮喜收藏　失限躔妻度旺祥
遇亥　父命似豬先去世　母命是蛇守空房
十二　今生姻緣前生配　夫重少大四十歲
遇亥　雖然年甲不相等　好似鵲橋度郵位

火十度

火星過申十度祥　父母雙雙喜高堂

過申　父命本是申猴相　母命是牛在艮方

九度　蟠龍枝枝顯味香　男女宮中降吉祥

過辰　妻宮二十九生子　熊羆應兆果弄璋

四度　孟秋天氣似火生　柳陰深處寒寒蟬鳴

過子　生辰七月初四日　父母堂前長笑容

十三　茂盛花發雨露新　山林草木又逢春

過子　手足宮中天然定　兄弟五人你二身

十三　生逢四刻配蝴蝶　夫妻庚相同是蛇

過辰　丹桂庭前枝葉茂　白頭雙雙福不絕

十二　火星入申不為良　十二躔妻必刑傷
過申　父母同是鄒見相　母必先亡壽長
十四　大運交申不堪言　重整瑤琴此運向
過申　憂中添喜哭又笑　失偶尋盟纔見安
[illegible]度　秾李花開子初成　時當正閏五月生
過辰　生辰原是二十二　壽似南山不老松
十二　生逢三刻福祿奇　抱藏古今孔孟書
過子　泮水池边荣二次　仍享衣冠世间稀
十一　命宮失限星不吉　夫主必大四十一
過辰　兹然不遂齊眉案　赤繩繫定兩家足

土

十一　人生天地百歲春　春育恩深重天倫
過酉　父命推来是雞相　母命是牛百寿春
十三　男女宮中几時生　姻緣相配似芙蓉
過巳　妻年三十生子一　门庭喜氣福祿增
五度　金風送暑二眉峯　再整芙蓉月光明
過丑　生辰七月初九日　紫雁成群离画庭
十二　春煖花開草木荣　棠棣茂盛枝葉青
過丑　兄弟六人居一体　次序之中你二名
十二　四刻兜尖水上游　丹樓芙蓉月照樓
過巳　夫妻同是屬猪相　竹影松花到白頭

十三　土入酉宮必刑傷　度行十三月無光
過酉　母命是鼠光陰短　父命屬兔壽延長
十五　運入酉宮主不祥　忽然驚散兩妃央
過酉　隨失隨得哭又笑　更有蘭芽晚更鱼
七度　向你元辰是何期　寅五月生二十七
過巳　薰風吹動荷花葉　堂上双親喜見兒
十一　四刻生人交運奇　棘(刺)骨懸梁用心机
過丑　出了黌宮人復入　自古運有否泰時
十度　鸞凤交結配姻緣　夫妻庚相不同年
過巳　豈然夫大四十二　晚景子荣福禄全

龍

十二　記的屬猪是父君　母親是牛真又真

過戌　先天後天星桃定　留與時人仔細尋

十一　日月左上照人間　姻緣喜事左今年

過午　三十一歲妻生子　晚景榮華更請問

六度　暑去秋來景物天　雞冠花下玉簪鮮

過寅　生辰七月十四日　母子相逢兩均安

十一　七枝棠棣春景青　雨露詁春更豐濃

過寅　雁行分飛定次序　盡後數來你六名

十一　五刻配合姻緣成　夫婦俱是屬小龍

過午　琴瑟相合齊眉案　相敬如賓似梁鴻

十四　龍德過戌孤寡生　度行十四月不明

過戌　母命是牛先去世　父命屬兔整家風

十六　妃央迷群兩下哭　大運交戌主分離

過戌　重婚再娶前生定　忽斷忽讀方為奇

八度　荷花出水映日紅　夏季炎天似火蒸

過午　閏六月生初二日　父母堂前長笑無(落)合

十度　五刻生人福祿重　胸藏文業古今通

過寅　泮水滔滔出又入　黌門森森列二名

九度　月老註定此姻緣　夫主必大四十三

過未　老陽少陰皆前定　老少配合非偶然

紫

十三 紫微過亥度數系 度行十三躔婁金

過亥 僕亲庚相星排定 父命是猪母牛身

十二 妻宮財子祿前生定 子息早晚不非輕

過未 妻宮年方三十二 堂前喜生一兒童

七度 時當金風正新秋 蟋蟀居壁雁南游

過邜 生辰七月十九日 母子恩夫必代留

十度 春燦花開艸木荣 堂棣茂盛枝葉青

過邜 四双兄弟居一体 次序之中你二名

十度 五刻生人定姻缘 月老配合非偶然

過未 夫妻同庚是猪相 雪鬢双々福祿全

十五 紫微纏婁度數行 過度十五入夫宮

過夫 母命是鼠先辭世 卯兔又壽不老松

十七 大運入夫忽斷絃 兒女分离此運间

過夫 重婚再娶前生定 隨得隨失百年欢

九度 五行生來定吉凶 星宿過度預先知

過未 靈胎元滿閏六月 生辰三月在初七

九度 聖賢經史理最玄 發憤忘食苦心鑽

過卯 名列黌門第二次 生逢二刻子又賢

八度 姻緣前定不差移 喬木爭先占嫩枝

過未 夫主原大四十四 年甲不齊福界奇

文

七度 何花生水映日紅 兆夾交頸雁同鳴

過申 夫金少大四十五 龍如翠竹配蒼松

十三 身命二宮度姻緣 妻年生子三十三

過申 一枝丹桂庭前茂 晚年發福更清閑

八度 秋末時景看坊雲 風吹荷葉似黃金

過辰 生辰七月廿四 降生人世在紅塵

十六 分宮過度看星辰 生克制化仔細尋

過子 五行納音坤水命 父是命下上金妻壽百春

九度 雁過南樓聲聲鳴 棠棣花開好正層

過辰 同氣連枝親手足 兄弟几人你亡名

二度　辛日己亥時正逢　折桂声名達帝京

过子　食禄天边人罕見　一门荣耀福重重

九度　廿枕同衾非偶然　月老千番配姻缘

过申　夫婦二人同蛟相　生逢六刻到百年

十度　蝉声嘹喨柳陰中　歳月去暑似金風

过酉　寅六月生十二日　滿園黄花自開放

六度　交躔婁宿貴宦真　二度过子细推尋

过子　父命是鼠先赴去　毋命是猴自沈吟

六度　七刻生人月中圓　李吴經史苦心鑽

过辰　游洋二次人爭羨　仍享子貴福綿綿

武 六度

過酉　命宮註定奈若何　廣寒宮裡翠嫦娥

十四　夫主巳大四十六　秦晉姻緣永和合

過酉　桃李開放正逢春　丹桂枝頭異味深

九度　妻年生子三十四　芭蕉樹下産麒麟

過巳　秋來佳景正蕭條　月裡仲秋漸漸高

十七　生辰七月二十九　又母生身受劬勞

過丑 丑　五星要訣定的真　分宮交度（下上日）躔數分

八度　又木母水安然樂　家業蕭泰福祿均

過巳　武曲躔妻過巳宮　雁行手足仔細詳

　　　庭前曾發紫荊樹　兄弟三人係三君

武

三度　辛日戊戌時更昌　月出清浴頭陰光

過丑　玉堂金馬人争羨　富貴榮華姓字香

八度　生逢六刻氣象昌　月老千里配成双

過酉　夫妻庚相同是猪　龍如梁鴻配孟光

十一　時逢薰風近秋天　天氣日暖正清閑

過戌　閏六月生十七日　脱離母胎降人間

七度　星宿交纏過丑宫　双親位上定形冲

過丑　父命是牛先先去　寡母是蛇守孤灯

七度　聖賢經史藴胸中　泮水重榮福禄增

過巳　雪案映窗人羨美　生逢八刻久業通

陰五度　姻緣相配世間稀　蒼松樹下翠竹棲

過戌　試問夫君年多少　原來大你四十七

十五　命宮喜事此年添　子息早晚是天然

過戌　妻宮年當三十五　降生要見在堂前

十度　秋來景物自蕭條　月望中秋漸漸高

過午　生辰八月初四日　父母養育受劬勞

十八　星宿過度如梭穿　椿萱恩深若海淵

過寅　五行納音双親相　父母同是水命安

七度　雁塔題名過午宮　双飛羽翼双又重

過午　星宿分野時人看　兄弟四人你三名

四度 辛日丁酉時祿排 少作瀛洲學士才

過寅 衣冠濟濟榮宗祖 仕祿悠悠百福來

七度 題請溪山流紅葉 赤繩繫足恩不絕

過戌 七刹註定姻緣对 一枕妃夾同是花

十二 林中草木正芬芳 梧桐葉落秋蟬歸

過戌 閏六月生二十二 正是季夏壺秋时

八度 星宿交躔定形沖 胡命是性守孤灯

過寅 又命是屬先克去 悠悠蕩蕩不回 程

六度 三刹生人福少逢 也曾苦覌聖上先書

過午 時運作否久星暗 儒名出退某子時

陽

四度 此年姻緣定不差 夫主巳大四十八

過亥 翠竹蒼松成婚配 寒梅枝頭掛白紗

十六 妻宮三十六歲臨 此年合主生兒郎

過亥 一門喜事從天降 滿宅瑞氣降禎祥

十一 金風吹動擺梧桐 黃葉飄飄舞畫庭

過未 生辰八月初九日 晚景榮華喜氣生

十九 星宿文曜喜相逢 度行卯位震門庭

過卯 双親五行合三數 又犬母水兩相生

六度 太陽躔妻過未宮 日當正午走西行

過未 棠棣發生五株花 知君底是第三名

五度　辛日丙申時上生　儒林深處顯崢嶸
過卯　青路〔下〕雲〔上〕上君獨去　折桂攀蟾到月宮
六度　千里姻緣一處居　紅葉題詩尚有期
過亥　生逢七刹姻緣對　夫妻二命同是豬
十三　庭前桂枝正顯奇　閏六月生二十七
過未　月移花影金雞叫　翠柔枝上黃鸝稀
九度　太陽過卯九度折　又命屬兔母是蛇
過卯　又命中定先去世　寡母房中獨自歇
五度　四刹生人不遇時　也曾游泮望雲梯
過未　運顯不通又不顯　出退儒學子之奇

巨二度　雲影天光几度秋　天命是鼠母是牛
過子　椿萱並茂堂庭秀　福如蒼海水東流
十二　暮景秋天雁聲高　金風蕭瑟葉正飄
過申　生辰八月十四日　玉露穿花見根苗
十一　妻金狗躔巨門星　土過辰尊的清
過辰　納音土命又庚相　母是北方水命人
五度　五星躔度理甚玄　妙淺天机在人間
過申　兩株紫荊堂前立　兄弟六人保居三
二度　妻金狗躔巨門星　土夾躔二度過申宮
過申　小運四八十二月　兩對凄花損芳容

四度　妻宿過于細細推　文躔巨星少生悲
過子　母命是猪先亮去　父兔在堂泪双垂
大度　辛日乙未时超群　一擧成名天下聞
過辰　腰金衣紫身榮顯　方信四書不誤人
六度　大運交子不為吉　須防妻宫主分离
過子　泪眼未乾開笑臉　斷弦再娶新佳期
十度　巨门躔戰天机宫　一家康泰五福興
過辰　堂上双親先去天　天星大龍母小龍
四度　五剋生人學文成　也有汴水入黄宫
過申　大運不通身悲亂　出退儒名作莊農

一度　五星註定痴迷人　混〻沌〻過光陰

過未　問伊聰明歸何處　机關使盡是前陰

三度　流年五月不榮昌　口舌是非生災殃

過申　若無閑氣生疾病　交到六月保安康

九度　五星過度定命清　胸怀氣豪吐長虹

過卯　滿腹文章時不至　待至水土風飛騰

十二　命裡孤苦甚堪憐　暫守佛堂是前緣

過辰　偶然禪心會定難　半途而廢晚景安

三三度　周易待祿世會叔　孫賓先生定吉祥

過丑　禍福皆從年月起　婚姻匹配按陰陽

五度　居時会靠生至亡　雖愛祖屋與田產庄

過夫　時来運轉頭自立　改換門庭顯英揚